今はエルサレムの時代

ソン・マンソク

小牧者出版

カバーデザイン　藤原利江子

プロローグ

神の秘密

イエス・キリスト
神の子羊
十字架
復活
昇天
神の右の座
エルサレムに再び来られ
神の国を回復され
とこしえに治められる
栄光の王！

これは
初めに隠された奥義
私たちを
キリストの中で
創造の前から選ばれ
時が来て私たちが見聞きし
加わるようにしてくださった
驚くべき奥義！
神はまことに驚くべきお方

今
イスラエルが戻り
希望のなかった異邦人を
キリスト・イエスにあって
イスラエルと新しいひとりの人に造り上げ

神と和解させ
イスラエルと異邦人
両方を一つの聖霊によって
父なる神の前に導いてくださった
初めから計画された
美しい奥義！
神はまことにすばらしいお方

偉大な奥義を
この時代に現され
私たちにゆだねられ
喜びが満ちあふれる
荘厳な歴史を
完全に成就される
神はまことに偉大なお方

驚くべき神！
偉大な神！
栄光がとこしえにありますように！

推薦文

イスラエルは終末の時計

「終末」とは、世の文明が終わり、悪人が裁かれ、楽園の新天新地を開く救い主（メシヤ）が来られる時（イエス・キリストの再臨）を言います。

人々が聖書に注目するのは、この終末が具体的にいつなのかについてたくさん預言しているからです。その中で「イスラエルは終末の時計である」という言葉が鍵でしょう。というのは、終末にイスラエルが回復することが預言されているからです。

「兄弟たち。あなたがたが自分を知恵のある者と考えないようにするために、この奥義を知らずにいてほしくはありません。イスラエル人の一部が頑なになったのは異邦人の満ちる時が来るまでであり、こうして、イスラエルはみな救われるのです。「救い出す者がシオンから現れ、ヤコブから不敬虔を除き去る。」（ロマ11・25～26）

ＡＤ70年、イエス様が予言された通りに、イスラエルは滅ぼされました。メシヤを拒んだイスラエルは、エルサレム神殿の石の上に石が一つも重ならないほど破壊されると預言された通りになり、世界中に散らされ、国なき民として迫害され、さまようようになります。

しかしその間、神はご自身のしもべたちを国々に送り、罪の赦しと永遠の救いを宣べ伝えて、たくさんの信じる者を天国人として招き入れます。そしてその数が満ちた時、もう一度、もともと選んでいたイスラエルを回復させ、そこで多くの信じる者を天国人として招き入れるということです。

どうでしょう！

聖書に書いてある預言と神様の摂理の通りに、イスラエルが拒んだ救い主イエス・キリストの福音は全世界に宣べ伝えられ、今やその数が何十億人に満ちるほどです。

そして１９４８年５月14日、ついにユダヤ人は故郷に戻り、国を再建し、国連から独立国家として認められました。

さらに１９６７年６月、あの有名な六日戦争を通して、イスラエルはエルサレムを自国の管理下に置くことになりました。イスラエルの国会は、エルサレムを永遠の首都として宣言しましたが、その実現は容易ではありませんでした。

しかし今年、アメリカのトランプ大統領は、エルサレムこそイスラエルの首都であるべきと宣言し、大使館を移したのです。

このような出来事を見ながら、「イスラエルはメシヤ（救い主キリスト）が再び来臨されて、この世の悪人どもが裁かれ、永遠の楽園が開かれる時を示す、終末の預言の時計であると痛感しているところです。

今、ヨハネの黙示録を毎週講解メッセージしています。世の終わりに起こる様々な災害の預言を解き明かしているのですが、今日起こっているコロナ19の災害を見て驚いています。聖書の預言通りだからです。

それに続く地震、洪水、イナゴの災害など、今人類はしっかりと目を覚まして罪を悔い改め、信じ救われる時です。神は世の終わりの災害の中でも信じ、悔い改める者に救いと守りの印を押してくださるからです。

「私たちが神のしもべたちの額に印を押してしまうまで、地にも海にも木にも害を加えてはいけない。」（黙7・3）

小牧者出版　アーメン卞

序論

イスラエル回復の意味

この本は、現在のイスラエルを聖書的に理解する上で、少しでも助けになればと書いたものです。聖書に書かれているイスラエルと、今日パレスチナ地域に建設されているイスラエルの間には、２０００年あまりの時間的隔たりがあります。そのため、イスラエルを正しく理解することは、決して簡単ではありません。その上、イスラエルの回復は終末、すなわちキリストの再臨と直結しており、霊的に理解する必要があります。また、サタンの勢力がイスラエルについて正しく悟ることを妨げています。

長い間、イスラエルは国家的に存在していませんでした。そのため、ユダヤ人はメシヤを十字架につけた罰としてのろわれたと多くの人が考えていました。そして、国が再び回復するというみことばがあっても、それを霊的な意味として解釈していました。

その上、ＡＤ２世紀までは、霊的イスラエルである教会が、本来のイスラエルに代わったのだと教えていたため、多くのクリスチャンは、ユダヤ人がパレスチナの地に国を劇的に回復し、言語、宗教、文化、祭りなどが、イエス様がおられた当時のように戻っていく現実を見ても、これを特別なことと認識しようとはしませんでした。また、これに対する聖書の教えを正しく理解しようとする思いもなく、新聞や放送などを通して、一般の人たちが理解する程度の関心しか持ちませんでした。

しかし、神の民ならば、今日、私たちの前に立っているイスラエルとは何であり、神の計画がどのようなものであるか、私たちとどのような関係があるのかを深く考え、正しく理解するよう努力しなければなりません。この本は、クリスチャンがイスラエルを理解するために、少しでも助けになればという思いで資料を読み、整理しながら書いたものです。

また、この本は、オンヌリ教会イスラエル宣教部の祈りと支えによって完成したものです。この本に載せられている写真を集めて、編集し、校正してくださったKibiのキム・ミンジョン幹事に感謝をささげます。終わりに、この本を出版してくださったツラノ出版のハ・ヨンジョ牧師に感謝をささげます。

一九九九年九月

ソン・マンソク

目　次

1　イスラエルの回復はなぜ必要か？

ユダヤ人の結婚風習

青年が、きれいな女性と出会って愛し合い、結婚して家庭を持つことは、アダムとエバからこのかた、変わっていません。しかし、時代や地域によって形式や意味合いが異なる部分があります。特に、ユダヤ人が伝統的に守ってきた結婚の風習は、独特で、聖書的な教えを多く含んでいます。ユダヤ人の昔の結婚風習とは、次のようなものです。

ある日、一人の青年が道を歩いていると、一人の女性に会いました。彼はその女性が好きになり、一日中彼女のことを考え、恋い慕い、ついに結婚して一生を共に生きる決心をしました。だからといって、結婚が成立したわけではありません。

この青年が結婚するためには、相手の女性の家を訪ね、義父となる人にお金を渡します。女性の父親が認めれば、家族は食卓に座って簡単な宴会を開きます。この時重要なのは、新郎となる青年が新婦となる女性の前で、置かれた杯にぶどう酒を注ぎ、女性の前に差し出すことです。もし女性がこの男性と結婚をする意思があるなら、その杯を取って飲みます。

飲まなければ「あなたのところへは嫁ぎません」という明らかな意思表示となります。

家族全員が見守る中で、青年はどきどきしながら杯にぶどう酒を出して待ちます。青年に嫁ぐ決心をした女性は、杯を取って、皆が見ている前でぶどう酒を飲みます。すると、見ていた人たちは拍手をして喜びます。はらはらしながら待っていた青年の喜びはいかばかりでしょうか。女性がぶどう酒を飲んだ瞬間、彼は喜んで立ち上がります。そして「住む家が準備でき次第、すぐに来て結婚式をあげます」と言って出て行きます。

自分の家に戻った新郎は、その時から自分の家の隣に、小さな夫婦のための部屋を作り始めます。新婦を迎える日を夢見ながら、毎日労をいとわず部屋を作るのです。町の人たちが通りすがりに、新婦はいつ来るのかと尋ねます。すると、彼はこう答えます。「それは、お義父さんが決めることです」

その間、新婦は新郎を迎える準備をしながら待ちます。結婚式で着る白い衣を準備し、いつ新郎が来ても、すぐに出迎えることができるよう心構えをして眠りにつきます。ユダヤ人の風習では、新郎は夜に来て、結婚パーティーを開くのです。

寝台の枕元に置いて、

ある晩、新郎が迎えに来たら、友人と一緒に出て行って「祝福あれ。主の御名によって来られる方に」と叫びます。そして、結婚式を挙げた後、町中の人たちが集まって大きな宴会を開いて祝うのです。

結婚の風習の中のキリスト

ユダヤ人が伝統的に守ってきた祭りや風習などを見ると、再び来られるメシヤ、すなわちキリストのひな型を見ることができます。これは、祭りを通してメシヤが来られることを教え、希望を持って待ち望んでいる現れです。結婚の風習の中にも、キリストのひな型を見ることができます。

聖書は、結婚で始まり結婚で終わっています。創世記1章で、人類最初の結婚があり、ヨハネの黙示録19章では、子羊、イエス・キリストの婚宴が開かれると書いてあります。イエス様がこの地上に来られて最初になさった奇跡も、婚宴で水をぶどう酒に変えるというものでした。

ユダヤ人の結婚の風習において、新郎はイエス・キリストのひな型であると言うことができます。イエス様は、新郎が新婦を愛するように、神の完全な愛で私たちを愛され、喜ばれ、私たちのところに来てくださいました。そして十字架を負われ、私たちの代価を払ってくださったのです。しかし、イエス様が代価を完全に払ってくださったからといって、自動的に私たちが新婦となるわけではありません。流された血潮の杯を受け取って飲んだその時から、イエス様との関係が始まるのです。

ユダヤ人の結婚の風習を理解すると、イエス様が弟子たちに語られたみことばが理解できます。

「わたしの父の家には住む所がたくさんあります。そうでなかったら、あなたがたのために場所を用意しに行く、と言ったでしょうか。わたしが行って、あなたがたに場所を用意したら、また来て、あなたがたをわたしのもとに迎えます。わたしがいるところに、あなたがたもいるようにするためです。」（ヨハ14・2～3）

弟子たちが、いつ再び来られるのかと尋ねた時、イエス様は、その時は父が決められると言われました。弟子たちは、ユダヤ人の風習に親しんでいたので、イエス様が召天された後、このみことばの意味をすぐに悟ることができたのです。

イエス様は今、場所を備えておられ、父の許しを待っておられます。イエス様は、ご自分を完全に犠牲にし、血潮で代価を払って買い取られた教会をどれほど待ち望んでおられることでしょうか。イエス様は、２０００年も待っておられます。私たちもまた、新婦の姿でイエス様が来られるのを切に待ち望みながら、正しい行いという白い衣を準備して、いつどんな時に来られても迎えることができるようにしなければなりません。

祝福あれ。主の御名によって来られる方に

新郎であるイエス様は、新婦となる教会を迎えに行くのを待ちわびています。私たちは、このお方に親しく会える日を切に待ち望んでいますが、イエス様が再び来られるためには、先になされなければならないことがあります。

マタイの福音書23章を見ると、イエス様が、外側を飾る律法学者やパリサイ人に対して「忌まわしいものだ」とのろいと警告の言葉を語られ、37～39節では、次のように言われました。

「エルサレム、エルサレム。預言者たちを殺し、自分に遣わされた人たちを石で打つ者よ。わたしは何度、めんどりがひなを翼の下に集めるように、おまえの子らを集めようとしたことか。それなのに、おまえたちはそれを望まなかった。見よ。おまえたちの家は、荒れ果てたまま見捨てられる。わたしはおまえたちに言う。今から後、『祝福あれ、主の御名によって来られる方に』とおまえたちが言う時が来るまで、決しておまえたちがわたしを見ることはない。」」（マタ23・37～39）

めんどりがひなを翼の下に抱かれるように、イエス様はユダヤの民を集めようと切に願いましたが、結局彼らはイエス様をメシヤ（救い主）と認めずに排斥しました。その時に預言された「おまえたちの家は、荒れ果てたまま見捨てられる」という言葉の通りに、その後、およそ2000年あまりの間、イスラエルの地は荒れ果てた地となってしまいました。

しかし、時が来ると、それまでイエス様を排斥していたユダヤ人が、イエス様を神が送られたメシヤと認め「祝福あれ、主の御名によって来られる方に」と言って歓迎するようになるというのです。その時までは、イエス様を見ることができないと言われました。再び見るとは、イエス様の再臨を意味します。その時には、聖霊によってユダヤ人の目が開かれ、これまで排斥していたイエス様がメシヤであることを知らなければならないのです。

驚くべきことに、２０００年あまりの間、散り散りになっていたユダヤ人が、今この時代に戻ってきて、失われていた地に国を建て上げています。また、その地にイエス様を信じるユダヤ人と教会が増えているのです。

御国の福音が全世界に宣べ伝えられる

イエス様が再び来られる前に、なされるべきことがもう一つあります。それは、御国の福音が、あらゆる民族に証しされ、全世界に宣べ伝えられなければならないということです。

イエス様と弟子たちがオリーブ山に上られた時、弟子たちがイエス様にそっと尋ねました。主の再臨と世の終わりには、どんな前兆があるのか、また、その時はいつごろ来るのかと。イエス様は、終わりの日の前兆として、にせキリストが大勢現れ、戦争のうわさが流れ、民族と国の間に戦いが起きること、あちらこちらで飢饉と地震が起こるが、これらは苦しみの始まりに過ぎないと語られました。

「御国のこの福音は全世界に宣べ伝えられて、すべての民族に証しされ、それから終わりが来ます。」（マタ24・14）

この世の裁き主なるイエス様は、世の終わりに再び来られます。世の終わりには、たくさんの前兆がありますが、まだ終わりの日が来たわけではありません。福音がすべての民族、地の果てにまで伝えられた時に初めて、終わりが来るというのです。ですから、イエス様がこの地に再び来られるためには、私たちクリスチャンが、福音が全世界に宣べ伝えなければならないのです。

ペンテコステに聖霊が臨まれた後、福音はエルサレムから始まり、サマリヤ、ユダヤの全土に広がりました。そして、異邦人コルネリオの家から福音が異邦人へと流れ込み、ヨーロッパとアメリカ大陸、アジア地域に広がり、今はイスラエルを取り巻くイスラム教を残して、ほとんど世界の全地域に福音が宣べ伝えられています。

地の果てまで福音を伝えるということは、イスラエルの回復、福音化と別個のものではありません。とても密接な関係があり、一つの目的と事柄に向かって進んでいます。その行き着く先は、イエス・キリストの再臨です。

2　イスラエルの回復の過程

イエス様がこの地に再び来られるためには、旧約で神様が約束され、民が待ち望んでいたメシヤがイエス様であるということをユダヤ人が悟り、「祝福あれ、主の御名によって来られる方に」と歓迎しなければならないと述べました。そのためには、まずユダヤ人が、荒れ果てた地に再び戻らねばならず、彼らが聖霊の感動によってイエス様を受け入れなければなりません。

歴史の記録を見ると、イエス様が十字架にかかられ、死なれてから、40年も経たないAD70年7月9日に、ローマの将軍ティトゥスが4つの軍団、約8万人の軍隊を率いてエルサレムを侵略し、ローマの統治に従わないユダヤ人たちを一掃し始めました。この時、ユダヤ人110万人が、ききんと放火と刀によって惨殺され、9万7000人あまりが捕虜、または奴隷として売られていきました。その結果、ユダヤ人は世界中に散らされ、行く先々で蔑視、冷遇、迫害され、殺されるという長い苦難の歳月を送らなければならなかったのです。ところが、1948年5月14日、ついに独立国家イスラエルが誕生し、今日に至っています。これから、独立前後の回復過程を見ていきましょう。

アリヤーの人波

ＡＤ70年以後、1880年まで、エルサレムとパレスチナ地域には、常にユダヤ人が住んでいました。5000名から、ある時には2万5000名を超すこともありました。また、散らされたユダヤ民族は、絶えずシオンへ戻る夢を捨ててはいませんでしたが、それは、単なる夢に過ぎませんでした。

しかし、彼らは全世界に散らされ、苦難と迫害の中でも、民族性と律法（トーラー）、ラビの教えと安息日などの伝統を守ることをおろそかにしませんでした。彼らは毎年、過ぎ越しの祭りのたびに、最後の時間には「来年はエルサレムで」と宣言

パレスチナに帰るユダヤ人たち

しながら祭りを終えていました。しかしそれが実現すると信じる人はほとんどいませんでした。

ところが19世紀後半に入り、「シオンへ帰ろう」という運動が、世界の至るところで自発的に起こり始めたのです。アリヤー（Aliyah）という言葉はヘブル語で「上る」という意味です。つまり「シオンに向かって帰ろう」ということであり、シオンに向かって帰る大きな人波を「アリヤーの人波」と呼びます。19世紀後半から始まったこの移民は、大きく３回に渡って形成されています。この流れは、イスラエルの独立と成長に一役買うことになりました。

1　第一次アリヤー

最初のアリヤーの人波は、１８８０年代に始まりました。１９０３年まで続いたこの移民の結果、１万人あまりのユダヤ人がパレスチナへ戻り、農業に従事しました。彼らは主に、東ヨーロッパやロシア、イスラム教圏から移住してきました。

第一次アリヤー

2　第二次アリヤー

2回目の波は、ロシアの都市キシナウをはじめ、各地で起こったユダヤ人集団迫害が導火線となって発生しました。さらに、マルクス主義者たちの影響を受けた社会主義者――シオニズムの人々の影響と、新しく形成されたユダヤ民族基金、キブツ運動、ユダヤ人自治防衛機構組織などによって拍車がかかり、1914年までに約8万5000名が帰還しました。

3　第三次アリヤー

その後、第一次世界大戦によってパレスチナへの移住はしばらく中断されました。しかし、1917年、イギリスのバルフォア宣言により、イギリスがユダヤ人にパレスチナ国家の建設を保障したため、ユダヤ人の帰郷が鼓舞されました。1917年に起こったロシア革命によって、ロシアにいた300万人のユダヤ人が、国外に出られない状況になり、帰郷の門が閉ざされてしまいましたが、1919～1923年まで続いた第三次アリヤー運動は、イスラエルが独立国家として成長していくために重要な役割を果たしました。

イスラエル国家誕生のための歴史的事件

ユダヤ人が1948年5月、イスラエル独立国家を形成するまでには、いくつかの驚くべき事件がありました。

1　シオニスト会議（1897年）

ウィリアム・ハックラーはイギリス人で、ウィーンにあるイギリス大使館の担任牧師でした。彼は聖書を研究している中、1897年が、ユダヤ人がパレスチナへ帰還するのに、とても重要な年になると確信するようになりました。その後、彼はシオニスト会議の初代議長であったテオドール・ヘルツルを、あらゆる面で助けました。

ヘルツルは、1897年にスイスのバーゼルで、ユダヤ人代表会議を開き、ユダヤ国家の回復を宣言しました。この会議を「シオニスト会議」と言います。「私たちは、

イスラエル独立

ここにユダヤ民族を保護する家の基礎を置く」という言葉で始まり、50年後にイスラエル国家が誕生するだろうと、預言的な宣言をしました。この会議は、ＡＤ70年以後、最初の会議でした。この宣言の後、50年後の１９４７年11月に、国連は、パレスチナにイスラエル国家を承認しました。

２　バルフォア宣言（Balfour Declaration）（１９１７年）

イギリス政府は１９１７年11月、当時の外務長官であったバルフォアが、ユダヤ人共同体議長に送った外交書簡、いわゆる「バルフォア宣言」を発表しました。この宣言文には、パレスチナにおけるイスラエル国家の再建と、ユダヤ人の帰還を無条件で約束し、ユダヤ人内部の自治権を保障するという内容が含まれていました。言ってみれば、この宣言文はイスラエルの回復のための道をまっすぐに切り開いたものだったのです。また、同じ月、ソ連ではボリシェヴィキ革命が起こり、将来ユダヤ人を迫害する新しい勢力が誕生しました。

３　エルサレム、トルコの支配から解放（１９１７年）

１９１７年12月、イギリスのアレンビー将軍の指揮の下で、イギリス軍がエルサレムをトルコの支配から解放しました。同じ月にユダヤ人は、ハヌカの祭りを行います。これはＢＣ１６４年に、ユダ・マカバイがエルサレムを解放したことを記念して行う祭りです。この時、エルサレムの神殿には、燭台に火を灯すための油が一日分しかなかったにもかかわらず、８日間もろうそくの火が消えなかったと言われています。

４　イスラエル国家の公布（１９４８年）

１９４８年５月14日、テルアビブで、将軍ダヴィド・ベングリオンによって、イスラエル国家の建国が公布されました。この年は、テオドール・ヘルツルが１８９７年に預言的宣言をした時から、ちょうど50年目（ヨベルの年）でした。

文字通り、東西南北から

イザヤ書43章５～６節には、イスラエルの民が東西南北、四

イスラエルの建国を宣言するベングリオン

方から故郷に戻る姿を描写しています。

「恐れるな。わたしがあなたとともにいるからだ。わたしは東からあなたの子孫を来させ、西からあなたを集める。北に向かっては『引き渡せ』と言い、南に向かっては『引き止めるな』と言う。わたしの息子たちを遠くから来させ、娘たちを地の果てから来させよ。」（イザ43・5～6）

ユダヤ人がそれまでにパレスチナへ帰還した過程を見ると、このみことばの預言通り、東西南北から来ており、文字通りに成就したことがわかります。

1　東から

パレスチナの東方には、イラク、シリア、イラン、インド、中国などがあります。イラク政府は、ユダヤ人の出国を認める法律を制定し、12万1500名が8カ月の間、空輸作戦「エズラとネヘミヤ作戦」を通して故国に帰還しました。1961年までは、総18万4130名のユダヤ人がイラク生まれと登録されていました。しかし、彼らはイラクを発つ際、すべての財産を置いていかなければなりませんでした。

シリアでは、4500名あまりのユダヤ人が抑圧されていて、1976年に制限が緩和され、一部が帰還しましたが、今もなお、戻る権利が認められておらず、彼らの生存権も制限されています。

イラン生まれのユダヤ人として登録されている数字は、1961年までで6万1000名で、1979年にホメイニ師の新政権誕生と外交関係の樹立の下で大部分が帰郷し、わずかな人たちが残っている程度です。インドに住んでいた2万名あまりのユダヤ人は、1948年以来、大部分が帰国し、ボンペイとコーチンに少数が残っています。

聖書で言うシニム（イザ49・12）とは、ヘブル語で中国を意味します。1915年までに2167名がイスラエルに帰り、1949年に共産党が政権を握って以来、多くのユダヤ人が祖国に帰りましたが、他は香港、シンガポール、東京など、全世界に散っています。中国の開封《カイフェン》には、今も500名ほどが残り、豚肉を食べず、過ぎ越しの祭りを守っています。

2　西から

西からのユダヤ人の帰還は、大きく2回に分けることができます。

最初は、１８８０〜１９６７年の間の出来事です。この期間に移住してきた人々は、居住地域で起きた反ユダヤ主義の圧力のため、故国に戻ってきました。地域的には、ポーランド、ドイツ、ハンガリー、ルーマニア、チェコスロバキア、ユーゴスラビアとブルガリアなど、ヨーロッパの東部と中部地域です。

２回目は、１９６７年の六日戦争の時です。大勝利を収めて故国に帰るアリヤーの波が起きました。彼らは、迫害のゆえに戻ったのではありませんでした。主に、西ヨーロッパと北南米、イギリス連邦国家から帰還しました。

３　南から

イスラエルの南側は、イエメン、アフリカなどですが、１９７１年にイエメンにいたユダヤ人は皆、飛行機で救出されました。この作戦は「マジックカーペット」と呼ばれました。遊牧民であった彼らに、「飛行機に乗って空を飛ぶなんて、こわくなかったのか？」と尋ねると、彼らは「飛行機にワシの絵が描かれているのを見て『あなたがたを鷲の翼に乗せて、わたしのもとに連れて来た』（出19・4）という聖書の言葉を思い出して、こわくなかった」と答えたと言います。

　北アフリカに位置する国々では、ユダヤ人の共同体が丸ごとイスラエルに帰還したこともありました。１９４８〜１９８０年までに、合わせて41万４２０１人のユダヤ人が、エジプトを含むアフリカ国家から移住してきました。しかし、アルジェリアにいた13万人あまりのユダヤ人は、ほとんど皆フランスへ行き、そこに定着してしまいました。

　エチオピアにも、18世紀からユダヤ人が住んでいました。彼らは、住民との衝突、病気、貧しさの中、長い歳月の間に多くの命を失いながらも、自分の民族性を維持しながら生きていました。１９７７年に約３００人を移住させ、１９９１年には空輸で約１万８０００人を24時間の間に移住させました。世界で最も豊かなユダヤ人が住む地域として有名な南アフリカ（南アフリカ共和国）からも、１９７２年までに８０９７人がイスラエルに帰りました。

　南アメリカからは、大量の移住民が押し寄せることはありませんでしたが、１９７１〜１９８０年の間に、３万５７７４人のユダヤ人が帰還しました。

イエメンから帰還した最後のユダヤ人

彼らを北の方の地から導く

終わりの日に、東西南北からイスラエルの民を集めると言われた預言の言葉の中で、特に強調されているみことばは、北から導かれることについてです。ゼカリヤ書2章6節、エレミヤ書31章8節、23章8節、イザヤ書49章12節などを見るとわかります。ところで、これらのみことばを目に留めて、今日起こっている出来事を見ていると、驚きを禁じえません。

地理的に、イスラエルの北側で一番大きな国は旧ソ連です。中世時代、イギリス、スペイン、ドイツ、フランスなど、ヨーロッパ各地でユダヤ人が迫害され、追放された結果、多くのユダヤ人は東ヨーロッパとソ連に移住していきました。19世紀後半までのソ連には、全世界から集まってきたユダヤ人が６００万名にもなりました。しかし、１８８１年に起こったポグロム（集団的迫害）によって、１６７の町で迫害を受けたユダヤ人たちは、ソ連から脱出し始めました。

１９００年の直前までに、約１００万名のユダヤ人が西ヨーロッパへ移動しました。西

南方のエチオピヤから帰還したユダヤ人

ヨーロッパのあらゆる主要都市には、ストックホルムからリスボン、パリからロンドン、ベルリンからウィーンまで、貧しく飢えているユダヤ人であふれたと言います。１９０４～１９１４年まで、約40万名がソ連から帰還し、ヨーロッパに定着しました。

１９４８年5月にイスラエルが建国されると、スターリンは初め、イスラエルを強く支持していましたが、後に敵対するようになり、ソ連内のユダヤ人を激しく迫害しました。彼の死後、弾圧は少しずつ弱まっていきましたが、ソ連政府はユダヤ人を外部の西側世界に出さないよう、出国を禁じ、徹底的に遮断しました。フルシチョフ、ブレジネフ、アンドロポフの時代も迫害は続きましたが、世界世論の圧力によって、出国が少しずつ許されていきました。

ロシアから帰還するユダヤ人

年	人数
1967	4,498
1970	4,235
1971	13,022
1972	31,681
1973	34,733
1974	20,628
1975	13,221
1976	14,261
1977	16,736
1978	28,864
1979	51,320
1980	21,471
1981	9,447
1982	2,688
1983	1,314
1984	896

※右の表は、ソ連からパレスチナへ移住してきたユダヤ人の統計

その後、１９８３年以後からは、再び出国が禁じられていましたが、ゴルバチョフによるペレストロイカなどの改革によって、１９８９年以来、１００万人の人波がソ連からイスラエルへと流れています。建国当時も、一番多くのユダヤ人が北の方から来ましたが、今も最も多くのユダヤ人が北の方から帰ってきてきます。１９９９年には、１万６３８９人がロシアからイスラエルに帰還しましたが、これは１９９８年度と比較すると、１１６％も増えています。そして今も、２００万人を超すユダヤ人が、イスラエルへ帰るのを待っている状況なのです。

3　イスラエルの回復は預言の成就

イスラエルの回復は歴史の奇跡

ユダヤ人が国を失い、全世界に散らされたのは、ＡＤ70年でした。それからユダヤ人は、行く先々で反ユダヤ主義の弾圧と迫害を受け、社会の底辺で生きることを余儀なくされました。第二次世界大戦中には、屠殺《とさつ》場へ引かれていく羊や牛のようにドイツのガス処刑室に入れられ、６００万人に及ぶユダヤ人が死んでいきました。そんな民族が、１９４８年５月に国を建て、独立国家となったのです。それも、世界の歴史舞台の中央に立ち、政治、経済、社会、文化など、あらゆる面で大きな影響力を与えています。

韓国の歴史を例に取って考えてみると、１世紀と言えば、馬韓《ばかん》、辰韓《しんかん》、弁韓《べんかん》の三韓時代を経て、高句麗が国の形を持ち始めた時期です。当時の馬韓が滅び、そこに住んでいた人たちが散り散りになって、いくらかは中国、モンゴル、ソ連に、いくらかはフィリピン、タイ、日本などの地域に散って暮らしていたとします。その人々が、再び朝鮮半島に集まり始めたと考えてみてください。そして、日本帝国主義の末期ごろ、独立を宣言して馬韓という国を再建し、次第に強くなっていったとしましょう。そのようなことが、私たちの常識で可能なことでしょうか。

20世紀中盤に、イスラエルが２０００年前に住んでいた故郷に再び帰り、国を回復したという事実は、人類の歴史を振り返ってみても、最も劇的な事件であり、人間の想像力をはるかに超えた、奇跡的な出来事です。さらに驚くべきことに、このようなイスラエルの回復が、聖書ではすでに預言されていたのです。

回復に関する預言のみことば

聖書には、イスラエルの回復に関して、あらゆるところで繰り返し預言されています。終わりの日に神様が、ご自分の民であるイスラエルを故郷に回復させると預言されているみことばを、いくつか見ていきましょう。

・イザヤ書11章11～12節

「その日、主は再び御手を伸ばし、ご自分の民の残りの者を買い取られる。彼らは、アッシリア、エジプト、パテロス、クシュ、エラム、シンアル、ハマテ、海の島々に残っている者たちである。主は国々のために旗を揚げ、イスラエルの散らされた者を取り集め、ユダの追い散らされた者を地の四隅から集められる。」

・イザヤ書43章5～6節
「恐れるな。わたしがあなたとともにいるからだ。わたしは東からあなたの子孫を来させ、西からあなたを集める。北に向かっては『引き渡せ』と言い、南に向かっては『引き止めるな』と言う。わたしの息子たちを遠くから来させ、娘たちを地の果てから来させよ。」

・イザヤ書49章12節
「見よ。ある者は遠くから来る。見よ。ある者は北から西から、また、ある者はシニムの地から来る。」

・エレミヤ書3章18節
「その日、ユダの家はイスラエルの家に加わり、彼らはともどもに、北の国から、わたしが彼らの先祖に受け継がせた地に帰って来る。」

・エレミヤ書23章7〜8節
「それゆえ、見よ、その時代が来る――主のことば――。そのとき、もはや人々は『イスラエルの子らをエジプトの地から上らせた主は生きておられる』と言うことはなく、『イスラエルの家の末裔を、北の地や、彼らが散らされていたすべての地から上らせた主は、生きておられる』と言って、自分たちの土地に住むようになる。」

・エレミヤ書30章3節
「見よ、その時代が来る――主のことば――。そのとき、わたしはわたしの民イスラエルとユダを回復させる――主は言われる――。わたしは彼らを、その父祖に与えた地に帰らせる。彼らはそれを所有する。」

・エレミヤ書31章8節
「見よ。わたしは彼らを北の国から連れ出し、地の果てから彼らを集める。その中には、目の見えない者も足の萎えた者も、身ごもった女も臨月を迎えた女も、ともにいる。彼らは大集団をなして、ここに帰る。」

・エレミヤ書33章24〜26節
「あなたはこの民が、『主は自分で選んだ二つの部族を退けた』と話しているのを知らないのか。彼らはわたしの民を侮っている。『自分たちの目には、もはや一つの国民ではないのだ』と。」主はこう言われる。「もしも、わたしが昼と夜と契約を結ばず、天と地の諸法則をわたしが定めなかったのであれば、わたしは、ヤコブの子孫とわたしのしもべダビデの子孫を退け、その子孫の中から、アブラハム、イサク、ヤコブの子孫を治める者を選ぶということはない。しかし、わたしは彼らを回復させ、彼らをあわれむ。」

・エゼキエル書36章24〜25節

「わたしはあなたがたを諸国の間から導き出し、すべての国々から集め、あなたがたの地に連れて行く。わたしがきよい水をあなたがたの上に振りかけるそのとき、あなたがたはすべての汚れからきよくなる。わたしはすべての偶像の汚れからあなたがたをきよめ、」

・エゼキエル書39章28節

「わたしは彼らを国々に引いて行かせたが、また彼らを彼らの地に集め、もう国々には一人も残さない。このとき彼らは、わたしが彼らの神、主であることを知る。」

・ホセア書3章4～5節

「これは、イスラエルの子らが、これから長く、王もなく、首長もなく、いけにえも石の柱もないところに、エポデもテラフィムもないところにとどまるからだ。その後で、イスラエルの子らは帰って来て、自分たちの神である主と、自分たちの王ダビデを尋ね求める。そして終わりの日には、主とそのすばらしさにおののく。」

・ゼカリヤ書8章1～8節

各地から帰って来るイスラエルの民の姿を描写しています。

「――万軍の主はこう言われる――再び、エルサレムの広場に、老いた男、老いた女が座り、みな長寿で手に杖を持つ。都の広場は、男の子と女の子でいっぱいになる。子どもたちはその広場で遊ぶ。」（ゼカ8・4～5）

「万軍の主はこう言われる。『見よ。わたしは、わたしの民を日の出る地と日の沈む地から救い、彼らを連れ帰り、エルサレムのただ中に住まわせる。このとき、彼らはわたしの民となり、わたしは真実と義をもって彼らの神となる。』」

（ゼカ8・7～8）

回復は預言の成就

19世紀中盤、ユダヤ人は、祖先が住んでいた故郷へ帰り始め、周辺のアラブ国家などとの絶え間ない紛争と全世界の非難の声が高まる中でも、一つの国家として堂々と成長しています。建国50周年を超えることができました。

20世紀中盤に、このように新しく誕生したイスラエルは、はたして何なのでしょうか。過去、新約時代まで存在していたイスラエルとはどのような関係があるのでしょうか。言い換えると、神様がアブラハムを呼ばれて選ばれた旧約時代のイスラエルは、イエス様がこの地上に来られたことによって、その使命がすでに終わったのでしょうか。また、今は教会が霊的イスラエルであるのに、今日のイスラエルという国は、聖書的にどのような意味があるのでしょうか。この質問は、特にクリスチャンにとって無関心ではいられないはずです。

一般の人たちは、約２０００年もの間、イスラエルが国家として存在していなかったので、彼らが国を回復した時も認めませんでした。また、ユダヤ人も、毎年過ぎ越しの祭りの終わりに「来年はエルサレムで」というあいさつをしてはいましたが、それが実現するとは誰も信じていませんでした。そのような状況の中で、神学的にもイスラエルの回復に関する研究は進んでいませんでした。

しかし最近、聖書を通して人々が悟ったことは、神様は選ばれた民を懲らしめるために、しばらくの間、家の外へ追い出しはしても、彼らを決して捨てはしないということです。そして、今まで見てきたように、聖書のあらゆる箇所で、イスラエルの回復がすでに預言されていたのです。その上、預言されたみことばが、文字通り成就しているという事実もわかってきました。

神様が東西南北からユダヤ人を集められるということ、特に北の方から民が帰ってくるということは、驚くほど聖書と一致しています。その中には目の見えない者も足のなえた者も、妊婦も産婦も共にいて、大集団をなして帰ると言われていますが、これもやはり、実際に起こっていることなのです。イスラエルの回復は、偶然発生したのではありません。神様の摂理の中にある預言の成就なのです。

出エジプトの出来事よりも大きな事件

今世紀に入って、イスラエルが国家として誕生し、ユダヤ人が帰還し続けている現象を「イスラエルの回復に対する聖書の預言の成就」であるとする見解に対して、ある人たちは次のように反論しています。

「地の四隅から、残っている者を集められる」というのは、ユダヤ民族がＢＣ６世紀ごろ、バビロン捕囚として連れて行かれ、70年後に帰還した出来事を指し、すでに成就したみことばであると主張します。また、この当時は、一般的に捕虜をあらゆる国に奴隷として売ったので、売られたユダヤ人が70年後に周囲の各国から帰還することを意味し、最近の帰還とイスラエル独立国家の誕生は、聖書の預言とは何の関係もないと反論します。

しかし、エレミヤ書16章14〜15節のみことばを見ると、イスラエルの民を北の国や散らされたすべての地方から上らせる日が来ると預言されています。

「それゆえ、見よ、その時代が来る——主のことば——。そのとき、もはや人々は『イスラエルの子らをエジプトの地から連れ上った主は生きておられる』と言うことはなく、ただ『イスラエルの子らを、北の地から、彼らが散らされたすべての地方から上らせた主は生きておられる』と言うようになる。わたしは彼らの先祖に与えた彼らの土地に彼らを帰らせる。」（エレ16・14〜15）

このみことばを見ると、この事件は、イスラエルの民がエジプトから出て、カナンの地へ入った出来事よりも、もっと大きな事件であると言っています。規模や性質において、バビロン捕囚からの帰還が、出エジプトよりも大きな帰還であるとは決して言えません。また、イスラエルの回復について、聖書の預言がバビロン捕囚からの帰還ではなく、今世紀に起こっているイスラエルの回復に関するものであると主張する証拠を、さらにいくつか列挙してみたいと思います。

（1）イスラエルの歴史上、全民族が完全に世界各地へ散らされたのは、バビロン捕囚時代ではなく、イエス様の預言が成就したＡＤ70年以後のことです。

（2）ユダヤ人がパレスチナへ移住してきた経路を見ると、文字通り東西南北の全地球上から帰ってきています。ただ単に、バビロンやその隣接国家辺りから帰ってきたのではありません。

（3）イザヤ書11章のみことばを見ると、最初の帰還ではなく、２回目の帰還を指しています。

「その日、主は再び（again the second time）御手を伸ばし、ご自分の民の残りの者を買い取られる。彼らは、アッシリア、エジプト、パテロス、クシュ、エラム、シンアル、ハマテ、海の島々に残っている者たちである。」（イザ11・11）

（4）ゼカリヤ書は、バビロン捕囚時代以後に書かれた預言書です。8章1～8節までの内容を見ると、各地から戻って来る神の民が、エルサレムの広場で遊ぶ姿が描かれています。

（5）エレミヤ書30章24節には、このような出来事が「終わりの日」に成し遂げられると書かれています。これは、バビロン捕囚の帰還を意味するのではないと言えます。

（6）エゼキエル書36章24～26節で語られている内容は、バビロン捕囚の帰還時代ではなく、今日に成就している現象です。

「わたしはあなたがたを諸国の間から導き出し、すべての国々から集め、あなたがたの地に連れて行く。わたしがきよい水をあなたがたの上に振りかけるそのとき、あなたがたはすべての汚れからきよくなる。わたしはすべての偶像の汚れからあなたがたをきよめ、あなたがたに新しい心を与え、あなたがたのうちに新しい霊

を与える。わたしはあなたがたのからだから石の心を取り除き、あなたがたに肉の心を与える。」（エゼ36・24〜26）

（7）ルカの福音書21章24節でイエス様は「異邦人の時の終わるまで、エルサレムは異邦人に踏み荒らされます」と語っています。AD70年以後、エルサレムはビザンツ帝国、ペルシア、十字軍、トルコ、イギリス、ヨルダンなど、少なくとも10カ国以上によって支配され、1967年6月「六日戦争」によってこの地域が異邦人の手からユダヤ人の手に戻ったのでした。

このすべての事実を総合して見る時、この時代に起こったイスラエルの回復は、聖書に預言されたみことばの明らかな成就なのです。神様が選ばれた民、イスラエルに起こった事柄の中には、偶然のものは何もありません。その上、この回復は、出エジプトの出来事よりも、もっと大きな事件であることは間違いないのです。

出エジプトは、イスラエルの歴史上、最も大きな事件であり、驚くべき奇跡としるしに満ちています。奴隷生活から、当時世界で一番強大な国であるエジプトの王とその軍隊から逃れ、紅海を渡ってカナンの地の強い7つの部族（アナクの子孫のような者たち）を追い払い、カナンの地を勝ち取ったというのは、実に奇跡であり、驚くべき事実です。そのため、イスラエル人は「イスラエルの子らをエジプトの国から上らせた主は生きておられる」と語り継いだのです。

これとは対照的に、今世紀に進行している帰還は、出エジプトの出来事が、ただ一つの国からの脱出であるのに比べ、世界各国からの移住です。イスラエルの回復を可能にしている様々な、特異に絡み合っている状況を考慮する時、また、神様が預言のみことばを成就するために主権的に介入されているいる計り知れないほど多くの事柄を考える時、今日のイスラエルの回復は、出エジプトの出来事より、さらに偉大なものであるという結論に至るのです。

神様はこう語られました。

「それゆえ、見よ、その時代が来る――主のことば――。そのとき、もはや人々は『イスラエルの子らをエジプトの地から連れ上った主は生きておられる』と言うことはなく、ただ『イスラエルの子らを、北の地から、彼らが散らされたすべての地方から上らせた主は生きておられる』と言うようになる。わたしは彼らの先祖に与えた彼らの土地に彼らを帰らせる。」（エレ16・14～15）

4　いちじくの木のたとえから学びなさい（マタイ24・32）

いちじくの木、イスラエルの一段階の回復

「あなたが来られ、世が終わる時のしるしは、どのようなものですか。」

（マタ24・3）

このように弟子たちが尋ねた時、イエス様は、世の終わりが近づく際に起こるあらゆる出来事について語られました。戦争や、ききんが起こること、疫病が発生し、大地震も方々に起こることを語られました。また、人々は互いに敵対し、信徒に対する迫害と殉教が増え、ひどい苦難があることが語られ、最後に、いちじくの木からたとえを学びなさいと言われました。世の終わりのあらゆる前兆は、イエス様が来られる前や後、歴史上あったこ

とであり、人間が経験してきたことです。また、終わりの日が近づけば近づくほど、さらにひどくなっていくと考えられます。

しかし、いちじくの木のたとえは、歴史的に一度も起こっていない預言です。イエス様は、マタイの福音書24章32～33節で、いちじくの木からたとえを学びなさいと言われました。芽が出て枝が柔らかくなり、葉が茂ってくると夏の近いことがわかるように、これらすべてのことを見たら、人の子が戸口まで近づいていると知りなさいと言われたのです。いちじくの木は、イスラエル国家を意味しています。いちじくの木が茂り、それと同時に他のあらゆる前兆が現れる時には、イエス様がもう戸口まで来られていることを意味します。イスラエルの再建と回復は、今の時代が、人の子がすぐに来られることを期待して生きる時代であることを示しているのです。

エゼキエル書36～39章は、神様が散らされていたイスラエルの子孫を、故郷へ呼び集める一段階の過程を表しています。

1　谷間の干からびた骨（エゼ37・2）

最初の段階は、干からびた骨が生き返る過程です。干からびた骨は、イスラエルの民です。今日、帰還しているユダヤ人は、ほとんどすべてがまだ霊的に盲目で死んだ者たちです。メシヤを排斥し、四方に散らされた当時と同じ、神を信じていない者が99％以上です。時が来て、彼らが戻り始め、今も戻り続けています。

「見よ。わたしはイスラエルの子らを、彼らが行っていた国々の間から取り、四方から集めて彼らの地に導いて行く。」（エゼ37・21）

2　骨と骨とが互いにつながる（エゼ37・7）

イスラエルの民が、先祖の地に帰った次に――もちろん現在も帰り続けている途中ですが――神様は、ご自分の民を国家として形成され、成長させます。これは、回復の2番目の段階です。エゼキエル書37章1～8節を見ると、さらにはっきりと理解できます。

預言者エゼキエルが、神の霊に導かれて行ったところが谷間であり、そこには干からびた骨が非常に多くあったのです。神様は尋ねられました。

「人の子よ、これらの骨は生き返ることができるだろうか。」（エゼ37・3）

過去2000年の間、イスラエルの民の激動の生き様を見てきた人は、「ユダヤ人が再び独立国家を建てることができるでしょうか」という質問に対して、誰も「はい」と答えることはできないでしょう。エゼキエルはこう答えました。

「神、主よ、あなたがよくご存じです。」（エゼ37・3）

この時、神様は、エゼキエルに預言するように命じられました。エゼキエルが神様の命令に従って預言すると、音がして骨と骨とが互いにつながったのです。そしてその骨に筋がつき、肉が生じ、皮膚がその上をすっかり覆いました。

この姿は、戻ってきたユダヤ人たちが、施設を構築し、機関を作り、国家的な形態を取って生存していく第二段階です。2000年あまりの間、遊牧民が羊やヤギを引き連れていた荒涼な土地に帰ってきたユダヤ人は、その土地を開墾し、肥沃で良い畑と庭園に作り変えました。そして、世界中の言語で暮らしていた人々が、一つのところに集まって一つの言語と文字を使うようになりました。その間、良くも悪くも、多くの声が上がりました。

しかし振り返ってみると、干からびた骨が生き返り、国家を建設したということ自体、神様がなされた大きな奇跡です。

3　息よ。四方から吹いて来い（エゼ37・9）

奇跡的に骨が集まって人の形になりましたが、そのからだの中には、まだ息がありませんでした（エゼ37・8）。三番目の段階は、からだの中に息が入る段階です。つまり、イスラエルの霊的復活、全イスラエルの救いの段階です。

「わたしはあなたがたを諸国の間から導き出し、すべての国々から集め、あなたがたの地に連れて行く。わたしがきよい水をあなたがたの上に振りかけるそのとき、あなたがたはすべての汚れからきよくなる。わたしはすべての偶像の汚れからあなたがたをきよめ、あなたがたに新しい心を与え、あなたがたのうちに新しい霊を与える。わたしはあなたがたのからだから石の心を取り除き、あなたがたに肉の心を与える。わたしの霊をあなたがたのうちに授けて、わたしの掟に従って歩み、わたしの定めを守り行うようにする。」（エゼ36・24〜27）

これは、故郷に帰ってきた後に、きよい水で洗われ、神の霊を注がれて新しく生まれ変わるようにするという約束です。エゼキエル書37章9～10節で、神様はイスラエルにこのように語っています。

「息に預言せよ。人の子よ、預言してその息に言え。『神である主はこう言われる。息よ、四方から吹いて来い。この殺された者たちに吹きつけて、彼らを生き返らせよ。』」私が命じられたとおりに預言すると、息が彼らの中に入った。そして彼らは生き返り、自分の足で立った。非常に大きな集団であった。」

（エゼ37・9～10）

イスラエルの回復の完成は、この三段階が成し遂げられなければなりません。この時代は、エゼキエルの預言の通り「息よ。四方から吹いて来い。この殺された者たちに吹きつけて、彼らを生き返らせよ」と預言的に宣言しなければならない時代です。四方からクリスチャンたちが、息を携えてイスラエルの民に注がなければならない時です。聖霊に満たされたクリスチャンが、イスラエルに戻る時なのです。

この地全部を、あなたの子孫に与えよう（創13・15）

ユダヤ人がパレスチナへ帰還して国を建てていく過程で、昔あった出来事が再びこの時代に回復されていきました。そのうちのいくつかを考えてみましょう。

一つ目は、ユダヤ民族の回復です。彼らは、地球上のあらゆるところに散って暮らしていました。アフリカ南端の南アフリカ共和国から、エチオピア、アルジェリア、エジプトなど。イギリスをはじめとした西ヨーロッパ、東ヨーロッパ圏と旧ソ連、アラブの国々と中国、インド、アメリカ、カナダなどの北米、ブラジルなどの南米と、各地に散らされて生き残っていましたが、パレスチナへ帰還してユダヤ民族として回復しました。

二つ目は、国土の回復です。アブラハムが神の声を聞いて、カルデヤ人のウルを離れ、カナンの地に入った時、神様はアブラハムに現れて約束を下さいました。

「わたしは、あなたが見渡しているこの地をすべて、あ

嘆きの壁で祈っているユダヤ人

なたに、そしてあなたの子孫に永久に与えるからだ。」（創13・15）

約４０００年が過ぎた今になって、アブラハムの子孫が再びその地を所有しています。周辺国家と世界の国々は、「ユダヤ人が占領した」と主張していますが、神様は、アブラハムの時代にすでにその地を彼の子孫に永久に与えると言われたのです。

三つ目は、エルサレムの回復です。イエス様が終わりの日について語られた時、エルサレムの回復を約束されました。

「異邦人の時が満ちるまで、エルサレムは異邦人に踏み荒らされます。」（ルカ21・24）

実際エルサレムは、ＡＤ70年に陥落した後、およそ２０００年の間、15カ国の国家、つまり異邦人によって占領されていました。しかし、１９６７年6月に起きた六日戦争の時、ユダヤ人の手に戻されました。エルサレムが回復したのです。

四つ目は、ユダヤ教の季節の祭りの回復です。ユダヤ人は散らされた地域でも、安息日を守り、聖書で禁じられている食べ物を食べず、過ぎ越しの祭りなどの季節の祭りも守ってきました。先祖の地に帰ってきた今、やはりユダヤ教会でラビが礼拝を導いて安息日を徹底して守っており、伝統的な季節の祭りを回復するユダヤ教の集団が出てきました。彼らは国会にも関与して、宗教党を形成し、政策決定に常に影響力を与えています。また、過ぎ越しの祭り、仮庵の祭りなどの祭りを回復して、以前の姿を再現しています。

ヘブル語──生きている言語

今日、イスラエルでは家庭や学校、公共機関など、至るところでヘブル語を用いています。学生、靴職人、バスやタクシーの運転手、キャバレーの歌手、弁護士、医師、役所の人、宗教人、無宗教人、反宗教人など、すべての人が生きたヘブル語を話します。演劇公演がヘブル語で行われ、ヘブル語で記された多くの本、雑誌、新聞、パンフレット

回復した今日のイスラエルの姿

が毎日あふれ、数百個の電子刊行物、週刊誌、日刊紙、季刊誌、年報などがヘブル語で発刊されています。横は厚く、縦は細く、右側から左側へ書かれていく言語、古代聖書から書かれていた言語のヘブル語。モーセも当時用いていたと言われ、ダビデ王時代に書かれていた言葉が、今も子どもたちの口からスラスラと自然に流れています。

言語が変わり、歴史が移り変わることを知っている人なら、その人がどの国の人であっても、どんな宗教を持っていたとしても、この事実に戦慄を覚えずにはいられないでしょう。その上この言語は、過去約2000年の間、最も厳しい条件の中に置かれ、他の文化圏の圧力の中でも保たれ、今日回復したのですから、さらに驚くばかりです。国土の回復、国の回復も驚くべきことですが、ヘブル語の回復もまた、奇跡としか言いようがありません。

ヘブル語が、この地から完全に消えたことは決してありませんでした。ユダヤ人が住むところにはユダヤ教があり、ユダヤ教があるところにはヘブル語がありました。ユダヤ教とヘブル語は切っても切り離せない関係です。ユダヤ人すべてが日常言語としてヘブル語を使うわけではありませんが、地上からヘブル語が完全に滅びたことはないのです。しかし、過去2000年あまりの間、世界のあらゆる地域に散らされて、その地域の言語を使っていながら、最近パレスチナへ帰還したユダヤ人が、ヘブル語を国の言語として統一する過程は、実に険しいものでした。

ヘブル語を現代イスラエルの言語とし、回復して定着させるのに、最も重要な役割を果たした人は、エリエゼル・ベン・イェフダー（１８５８～１９２２）です。彼は、パリにあるソルボンヌ大学で医学を学んでいましたが、からだが弱く途中であきらめ、１８７０年代後半にパレスチナへ移住しました。当時、ヘブル語が時折使われてはいましたが、学校や社会ではフランス語が主に使われており、ドイツ語も併用していました。フランス語の影響力が当たり前のように、若者の間に広がっていた時代でした。

ベン・イェフダーは、１８８０年にヘブル語の新聞「ハヴァツェレット」で、「イスラエルの地での外国語の影響力」に反対する、攻撃的な最初の記事を発表しました。その時は、一番熱烈なヘブル語学者であっても、一般学問を教え、研究する上でヨーロッパの言語を排除するということは思いもよらない時代でした。しかし、ベン・イェフダーは、違った考えを持っていました。彼は、パレスチナで使われているすべての言語の使用を中止し、ヘブル語に代えなければならないと宣言しました。

「私たち民族が生き残ることを願い、私たちの子どもたちがヘブル人として生き残ることを望むなら、ヘブル語を教えなければならない。私たちは、自分の息子や娘が、堕落した外国語を忘れるようにしなければならない。外国語を使うことは、自分たちを切り刻み、私たちが一つの民族として結び合うことを妨害することであり、結局は万国から嘲弄されるようになるだろう」と訴えたのです。

１８８３年に彼はは小学校教師となり、ヘブル語で生徒に教えながら、自分が提案したことが現実的に可能であるかを試みました。からだが弱かったため、それは3カ月ほどで辞めなければなりませんでしたが、その結果は成功でした。学校当局や教師も、ヘブル語で教育することができるという可能性と有益な面を発見し始めたのです。ベン・イェフダーは、ここで満足せず、子どもだけではなくすべての大人もヘブル語を使うことを願い、最終的にイスラエルの言語として定着することを望みました。彼は「その日は遠くない将来に近づいてきている。イスラエルは、それまで借りて使っていた外国語をすべて捨て、先祖の言語に戻るだろう。その日が来れば、全民族が一つの言語によって一つの心、一つの精神となり、近い将来、私たちはそれを見るよう

エリエゼル・ベン・イェフダー

になるだろう」という文章を書きました。彼は、言語回復運動機構を創設し、ヘブル語の回復に尽力したのです。

しかし、彼のヘブル語回復運動は、様々な反対に直面しました。まず、懐疑論者、誹謗する者たちが現れ、ヘブル語は堅苦しく、使われなくなって久しいため、躍動感や力がなく、現代人には合わないという論理を主張して反対しました。次に、フランス語、ドイツ語、英語を使う権威のある人たちが、自分たちの権威と特権を失うことを憂慮し、ひどく反対しました。宗教界では、きよい言語を世俗的な日常生活で使うということはあってはならないことだと、ベン・イェフダーと追従者たちを異端児として扱いました。

しかし、多くの反対と逆境の中で言語戦争を繰り広げながら、ヘブル語は、イスラエルの言語として足場を固めることに勝利しました。バルフォア宣言（1917年11月2日）の直後、ヘブル大学創設計画が立てられた時、ヘブル大学で使う言語をヘブル語に決めることは、何の問題にもなりませんでした。

また、ベン・イェフダーは、ヘブル語を自ら家庭で使ううちに、語彙不足を悟るようになりました。そこで彼は、聖書と旧約時代の文献を通して、語彙を発掘し、新しい言語を作りながら、辞書を作り始めたのです。彼と彼の同僚たちは、結局16巻にもなるヘブル語の辞書を作り、ヘブル語の回復に決定的な役割を果たしました。

では、どうしてヘブル語は、他の言語のように時代に沿って発展せずに、原形のまま維持されてきたのでしょうか。学者は、その理由を三つあげています。

一つ目、ヘブル語自体の特徴ですが、すべての言語が子音と母音で表現されているのに対して━もちろん母音符号は後から追加されましたが━ヘブル語は、子音だけで成り立っています。子音だけが書かれていても、彼らはそれを声に出して読むことができ、理解するのに全く不便な点がありませんでした。もし、英語で子音だけが表記され、ｂｔと書かれていたら、読む人によっていくらでも違った意味となることでしょう。たとえば、bit,but,bat,about,bute,bite などです。しかし、ヘブル語では、それをどのように読んでも、基本の意味は変わりません。たとえば、ktb katab（wrote）,katub（written）,koteb（writer）,ketab（script）など、いろいろな形で読まれ、派生する意味とわずかな変化がありはしますが、その中にはすべて writing の意味が含まれているのです。

二つ目、あらゆる時代に、ユダヤ人の中には、ヘブル語に対する熱い情熱を持って絶えず研究してきた人々がいました。その中には若者も老人もいました。カトリックでラテン語が司祭だけの言語として継承されてきたのとは違い、ヘブル語は一般人に継承されてきており、よって、聖書のヘブル語に新しい単語がたくさん追加されました。しかし、元来の有機的な言語の形態と骨格は、素直に守られてきました。小さな子どもから著述家に至るまで、多くの典型的な表現が聖書の表現とほとんど同じであり、今日のイスラエルでユダヤ人が話し、表現しているのを見ると、約３５００年前の聖書の中の言葉と表現と同じ躍動感を見ることができます。

三つ目、上記の二つの事実より、さらに重要なことです。それは、ユダヤ人の聖書に対する敬意と畏れ、聖書を大切に思う心が強いため、言語の構造に根本的な変化をもたらすことを妨げたのです。神様は、聖書の言葉につけ加えたり、省いたりしてはいけないと言われたので、ヘブル語をそのまま保存しようとし、そのため彼らは子音でのみ記録された聖書に母音を加えて読むことさえ避けたのでしょう。旧約の経典は、ヘブル語を再び取り戻すのに、最も豊かで権威のある材料だったのです。

ユダヤ人が故郷に戻り、ヘブル語を自分の国の言葉として定め、実践しようとした時、初めは多くの困難がありました。特に、科学や技術分野で書かれた用語がなく、教える人ごとに新しい言葉が作られ、新造語が多く出てきたので、混乱と誤解が多かったのです。その上発音がそれぞれ違うので、イスラエルでは多様な発音が流行していた時もありました。エルサレム都城の中でだけでもリトアニア系、セパルド系、イエメン系、ポーランド系、ペルシア系、ウクライナ系など、それぞれ違う地域から来た人々が互いに違う発音をして、混乱する時期もありました。１９０４年に委員会が構成され、標準発音を決め、それを少しずつ普及させていき、今日に至っています。

5　イスラエルを選ばれた神の計画

イスラエルを祭司長国家に

イスラエルの始まりは、ＢＣ１８００年ごろ、神様がアブラハムを呼ばれた時から始まります。創世記12章１～３節には、神様がアブラハムを呼ばれ、彼を通して一つの民族を起こし、その民族に対して持っておられる神様の計画が書かれています。

「主はアブラムに言われた。『あなたは、あなたの土地、あなたの親族、あなたの父の家を離れて、わたしが示す地へ行きなさい。そうすれば、わたしはあなたを大いなる国民とし、あなたを祝福し、あなたの名を大いなるものとする。あなたは祝福となりなさい。わたしは、あなたを祝福する者を祝福し、あなたを呪う者をのろう。地のすべての部族は、あなたによって祝福される。』」（創12・１～３）

このみことばは、神様がアブラハムと契約を立てられた言葉ですが、この契約において神様は主権的、能動的であり、アブラハムは受動的でした。契約の内容は、神様がアブラハムを通して大いなる民族を作り、祝福を与え、この民族を通してすべての子孫が祝福を受けるようにされるというものです。これは、神様のあがないの計画が、神様の主権によって行われるという約束です。

この約束の中で、アブラハムから生まれた民族がイスラエルであり、この民族は全世界に対して召命を持っていました。「あなたの名は祝福となり……あなたを通して地上のすべての民族が祝福される」。つまり、イスラエルは、すべての民族のための祝福となるように召されたのです。ガラテヤ人への手紙3章8～9節は、この啓示をさらに具体的に表しています。

「聖書は、神が異邦人を信仰によって義とお認めになることを前から知っていたので、アブラハムに対して、『すべての異邦人が、あなたによって祝福される』と、前もって福音を告げました。ですから、信仰によって生きる人々が、信仰の人アブラハムとともに祝福を受けるのです。」(ガラ3・8～9)

そして、ローマ人への手紙4章13節もこれと似ています。

「というのは、世界の相続人となるという約束が、アブラハムに、あるいは彼の子孫に与えられたのは、律法によってではなく、信仰による義によってであったからです。」（ロマ4・13）

これらの内容は、神様がアブラハムを呼ばれた理由、つまり、イスラエルを立てられた目的が、イスラエルを選んで祝福され、訓練され、全世界に対して祝福の源となるようにされるということだったのです。

神様の目的は、ただアブラハム一人に対するものではありませんでした。また、一つの民族だけに限定されるものでもありませんでした。よって、イスラエル民族だけが神様の恵みを享受する特権を持つのではありません。神様がこの一つの国を選ばれたのは、他のすべての国々に祝福の知らせを伝えるための計画だったのです。神様の計画においては、腐敗した絶望的なこの世界に、祭司長が必要だったのです。そこで神様は、選ばれた民の上に指導者を立てて祭司長の役割をさせ、また、一つの祭司長国家を選ばれて、すべての国々のために働くようにされたのです。

イスラエルの国家的役割は、国々を神のもとへ導き、神様の姿を国々の前で現すことでした。このような意味で、イスラエルは特別な国家であり、「あがないの歴史」の中で持つ特別な存在なのです。

イスラエルの失敗によって福音が異邦人に

しかし、このような召命を受けたにもかかわらず、イスラエルは結局失敗してしまいました。イスラエルの失敗の原因は、この民族に対して神様が持っておられた目的を、はっきりと悟れなかったことにありました。

「モーセはイスラエルをみな呼び寄せて言った。あなたがたは、エジプトの地で、ファラオとそのすべての家臣たちとその全土に対して、主があなたがたの目の前でなさったことをことごとく見た。すなわち、あなたが自分の目で見たあの大きな試み、あの大きなしるしと不思議である。しかし、主は今日に至るまで、あな

たがたに悟る心と見る目と聞く耳を与えられなかった。」（申29・2～4）

このみことばは、ヨルダン川の東側で、イスラエルの子孫がカナンの地に入る直前に、モーセによって語られた言葉です。神様は、イスラエル民族をしるしと奇跡によってエジプトから導き出しました。しかし、彼らの目が見えず、耳も聞こえず、語ることができない状態をそのまま放っておくというみことばです。イザヤ書6章9～10節で、預言者イザヤもこれと似たような現状を語っています。

するとと主は言われた。「行って、この民に告げよ。『聞き続けよ。だが悟るな。見続けよ。だが知るな』と。この民の心を肥え鈍らせ、その耳を遠くし、その目を固く閉ざせ。彼らがその目で見ることも、耳で聞くことも、心で悟ることも、立ち返って癒やされることもないように。」（イザ6・9～10）

マタイの福音書13章14～15節で、イエス様もこのみことばを引用されました。

「こうしてイザヤの告げた預言が、彼らにおいて実現したのです。『あなたがたは聞くには聞くが、決して悟ることはない。見るには見るが、決して知ることはない。この民の心は鈍くなり、耳は遠くなり、目は閉じているからである。彼らがその目で見ることも、耳で聞くことも、心で悟ることも、立ち返ることもないように。そして、わたしが癒やすこともないように。』」（マタ13・14〜15）

使徒パウロも、ローマ人への手紙11章8節で語っています。

「『神は今日に至るまで、彼らに鈍い心と見ない目と聞かない耳を与えられた』と書いてあるとおりです。」（ロマ11・8）

これらのみことばが示すような、イスラエルが神様の召命の目的を悟らず、責任を果たさない悲劇的な状況は、モーセの時代、イザヤの時代、そしてイエス様の時代にも続いており、これは神様の主権的な摂理によって、民のかたくなな心と盲目な状態をそのままにしておかれることが語られています。彼らは、神様の召命と目的をすぐに理解することができなかったので、神様に立ち返ることができなかったのです。この状態は、今日まで続いています。

神様はなぜ、預言者を立てて、ご自分の民に見えない目と聞こえない耳を与えられるのでしょうか。一つの国家を建てられ、彼らに王と祭司長を与えられた神様が、どうして、その民を愚かな状態のままに放置されるのでしょうか。なぜ神様は、一つの国家をそんなに長い間、このような状態に置かれたのでしょうか。この計画の背後には、どのような目的があるのでしょうか。これらの質問に対して多くの理由がありますが、聖書は、私たちに神様の答えを下さっています。パウロは、ローマ人への手紙11章11節で、この質問に対する明確な答えを提示しています。

「それでは尋ねますが、彼らがつまずいたのは倒れるためでしょうか。決してそんなことはありません。かえって、彼らの背きによって、救いが異邦人に及び、イスラエルにねたみを起こさせました。」（ロマ11・11）

つまり、イスラエルのつまずきによって、救いが異邦人に及んだと語っています。イスラエルは一つの民族として、神様の摂理の中で、あがない的役割を果たす国家となり、他の民族のための供え物としてささげられたのです。イスラエルは、神様と他国にとっての祭司長として召命を受け、自国のいのちを譲り渡し、天の種が彼らから出て、他国の土壌の中に根を下ろし、実を結んだのです。

イスラエルの回復によって復活が訪れる

では、私たちはもう一度、この質問を投げかけることができます。救いが異邦人に及ぶことによって、イスラエルの使命は神様の前で終わってしまったのでしょうか。イスラエル国家としての存在はなくなるのでしょうか。ＡＤ70年以後、すべての人の一般的見解は、イスラエルが国家として存在していないと認識していました。これは、エレミヤ書33章24節の預言の言葉と一致します。

「あなたはこの民が、『主は自分で選んだ二つの部族を退けた』と話しているのを知らないのか。彼らはわたしの民を侮っている。『自分たちの目には、もはや一つ

の国民ではないのだ』と。」（エレ33・24）

しかし、神様は、イスラエルを昔も今も決して忘れず、彼らを再び国土へ戻されることを約束しておられます。

「主はこう言われる。『もしも、わたしが昼と夜と契約を結ばず、天と地の諸法則をわたしが定めなかったのであれば、わたしは、ヤコブの子孫とわたしのしもべダビデの子孫を退け、その子孫の中から、アブラハム、イサク、ヤコブの子孫を治める者を選ぶということはない。しかし、わたしは彼らを回復させ、彼らをあわれむ。』」（エレ33・25～26）

昼と夜の秩序が今も変わらず、天地創造の秩序が変わらないことを見ると、神様がイスラエルと約束されたことが、今日も有効であることがわかります。

聖霊様が、イスラエルの救いについて、パウロを通してローマ人への手紙11章11節で語っていることを見ると「彼ら（イスラエル）がつまずいたのは倒れるためなのでしょうか。

絶対にそんなことはありません」と言っています。つまり、イスラエルはつまずきはしましたが、完全に立ち返ることができないほどに倒れてはいない、というみことばです。そして今日、このイスラエルを回復させるという約束が、私たちの目の前に実現しつつあります。

では、回復したイスラエル国家に対する神様の計画と、イスラエルの役割は、どのようなものでしょうか。これに対して、パウロはローマ人への手紙11章15節ではっきりと答えています。

「もし彼らの捨てられることが世界の和解となるなら、彼らが受け入れられることは、死者の中からのいのちでなくて何でしょうか。」(ロマ11・15)

ユダヤ人が捨てられることによって、異邦人が神様と和解しました。さらにその後、神様の計画の中でイスラエルが受け入れられるなら、死者が生き返るということです。つまり、イスラエルの回復と救いは、復活のいのちが全世界に流れあふれるということを預言しているのです。

死者が生き返るとは、霊的な復活と肉体的な復活に分けることができます。まず、霊的な復活は、死んだ魂がイエス様を受け入れ、新しく生まれ変わるということです。最近の歴史が証ししているように、この時代、前例にないほどキリスト教が全世界に広く拡散していることは、ユダヤ人が一つの国家として再建されていることと密接に関連しています。

イスラエルの胎動として、最初のシオニスト会議がスイスのバーゼルで１８９７年に開催されましたが、近い時期の１９００年ごろからアメリカ、チリ、中国など、様々な地域で驚くべきリバイバルが起きてきました。１９４８年、イスラエル国家の回復を前後に、40年代後半と50年代初期は、後の雨運動と共に世界的なリバイバルが起こり、教会に霊的な指導者が多く現れて、大きなリバイバルをもたらしました。１９６７年6月、六日戦争でエルサレムを取り戻しましたが、その60年代後半には、驚くべき神の霊の注ぎを、教派や地域を超えて体験しました。

今日の時代にも、世界のあらゆる地域で教会のリバイバルを見ることができます。韓国、中国、フィリピン、インドネシア、ミャンマー、タイ、インド、アフリカ、南米、アメリカなどで、教会のリバイバルが20世紀後半に起こってきています。各階級、各層で数百万人がキリスト教に対して関心を持っています。アフリカの精霊崇拝者、インドのヒンズー教徒、東南アジアの仏教徒、中東のイスラム教徒がキリスト教の書籍を読み、福音放送を聞き、聖書通信課程を通して聖書を読んでいます。それは記録的な数に及んでいます。このような霊的飢え渇きは、貧しい人や迫害を受けている人だけが感じているものではなく、大学生、公務員、軍人、事業家、専門職員など、あらゆる分野の人たちが感じているものです。

このような神の働きは、イスラエルの回復によってもたらされ、異邦人に向かう終わりの日の祝福のみわざが外的に始まっている証拠だと言えます。

次に、肉体的な復活はイエス・キリストの再臨の時に起こります。

「すなわち、号令と御使いのかしらの声と神のラッパの響きとともに、主ご自身が天から下って来られます。そしてまず、キリストにある死者がよみがえり、」

（Ｉテサ４・16）

死者の復活は、イエス様が再臨される時に起こります。つまり、ローマ人への手紙11章

15節の「彼らが受け入れられることは、死者の中からのいのちでなくて何でしょうか」というみことばは、イスラエルの回復により、イエス様の再臨が近づいたということを教えているのです。

イスラエルの回復は、世界的な大リバイバルと来たるべきイエス様の再臨のために、とても重要なことです。パウロはローマ人への手紙9章3節で、自分がキリストから引き離されて、のろわれた者となったとしても、自分の同胞、肉による同国人が救われることを強く願うと言っています。それは、ただ同胞イスラエルの救いだけでなく、それによって全世界の救いとイエス様の再臨を見るためなのです。

イスラエルはみな救われる

「兄弟たち。あなたがたが自分を知恵のある者と考えないようにするために、この奥義を知らずにいてほしくはありません。イスラエル人の一部が頑なになったのは異邦人の満ちる時が来るまでであり、」

（ロマ11・25）

このみことばは、私たちには知るべき奥義があると語っています。つまり、異邦人の中で救われる者の数が、神様の計画に達するまでの間、イスラエル人は部分的に盲目の状態に置かれている、ということです。

「こうして、イスラエルはみな救われるのです。」（ロマ11・26）

ここで「イスラエルはみな」というのは、イザヤ書10章22節とローマ人への手紙9章27節および11章1節から4節のみことばを総合して見る時、イスラエルの民の内で選ばれ、神の恵みによって神の栄光のために取っておかれた者、すなわち残された者を意味します。

エレミヤ書32章37節から42節は、神様がイスラエルに災いをもたらして彼らを散らしたことと、それと共に彼らに祝福を与えるために再び呼び集めることとを宣言しています。

「『見よ。わたしは、かつてわたしが怒りと憤りと激怒をもって彼らを散らしたすべての国々から、彼らを集めてこの場所に帰らせ、安らかに住まわせる。彼らはわたしの民となり、わたしは彼らの神となる。わたしは、彼らと彼らの後の子孫の幸せのために、わたしをいつも恐れるよう、彼らに一つの心と一つの道を与え、わたしが彼らから離れず、彼らを幸せにするために、彼らと永遠の契約を結ぶ。わたしは、彼らがわたしから去らないように、わたしへの恐れを彼らの心に与える。わたしは彼らをわたしの喜びとし、彼らを幸せにする。わたしは、真実をもって、心と思いを込めて、彼らをこの地に植える。』まことに、主はこう言われる。『わたしがこの大きなわざわいのすべてを、この民にもたらしたように、わたしは、今彼らに語っている幸せのすべてを彼らにもたらす。」（エレ32・37〜42）

イスラエルの民がこれまで受けてきたすべての災いは、歴史的事実です。それは、ただの比喩や、霊的なものでは決してありません。同様に、神様が彼らに約束された祝福も、単に比喩的なもの、霊的なものではなく、歴史的事実として実現するでしょう。その上神様は「私はこれを、心を尽くし思いを尽くして行う」と言っています。また、エレミヤ書50章19節から20節でも、彼らを再び牧場に帰らせて満足させ、神様が残す者たちを赦すと言っているのです。

「それゆえ、……イスラエルの家よ。わたしが事を行うのは、あなたがたのためではなく、あなたがたが行った国々の間であなたがたが汚した、わたしの聖なる名のためである。……わたしの大いなる名が、聖であることを示す。……――神である主のことば――。」（エゼ36・22～23）

イスラエル民族が祖先の地へ戻って独立国家を建て、肉体的に回復されたことは、第一段階であり、現在進行中です。「彼らはわたしの民となり、わたしは彼らの神となる」霊的回復は、次の段階であり、最後の段階です。神様は、このこともすでに始められています。彼らの心に聖霊を与え、神様に立ち返る数が増えてきています（エゼ36・26～27）。現在、イスラエルに約６０００名と推測されるユダヤ人が、イエス様をメシヤと信じており、彼らの活動も少しずつ増加しています。

神様はこう言われます。「私が全イスラエルを救う。心と思いを尽くし、私の偉大な名の聖なることを示し、私の栄光のために、これを行う」。みことばの通りに行っておられる神様を賛美します。

6　反ユダヤ主義の教会史的理解

ＡＤ70年に、エルサレム神殿がローマ軍によって破壊された後、ユダヤ人は全世界に散らされ、国を失ってさまよいました。ユダヤ人が行くところどこにおいても反ユダヤ主義の運動に直面し、その結果、財産や家族、いのちを失うような迫害を無数に受けてきたのです。クリスチャンはこの反ユダヤ主義を、教会史と関連してしっかりと理解する必要があります。

初代教会時代の分派

使徒の働きと書簡を通して、メシアニック・ジュー（イエス・キリストをメシヤとして信じるユダヤ人）の人生を部分的に見ることができます。新約時代が終わる頃には、メシアニック・ジューたちは、旧約聖書にあるユダヤ人としての伝統を守りながら生活しており、自分の民族と、異邦人の世の中に向かって証人としての役割を維持していたことがわかります。

聖書の記録以外を通しても、メシアニック・ジューは、ユダヤ人の伝統的な生き方をしており、イエス様をよく知っていた人たちの弟子も、そのような生活様式をしていたことを知ることができます。このようなユダヤ人の中には、大きく3つの違う形のグループがありました。エビオン派、ナザレ派、同化派です。

1　エビオン派（Evionites）

この派は、反パウロ派（Anti-Paul）として新約聖書の大部分を否定し、ただ、マタイの福音書だけを認めました。そして、イエス様の神性を否認しました。「エビオン」という言葉は「貧しい者」という意味で、イエス様に対して、弱くて足りない者という見解を持っていたからと理解されています。また、彼らが物質的に貧しい生活をしていたためにつけられた名前であるとも言えます。

2　ナザレ派（Nazarene）

この派は、使徒たちの路線と一番近く、個人的に使徒と親しくしていたグループでした。エビオン派と違って、彼らは新約の中心教理をすべて受け入れ、あらゆる面で完全に聖書的でした。イエス・キリストにあっての人生の一部として、ユダヤ人の伝統的な祭りと風習を守りながら生きていました。今日のメシアニック・ジューは、自分たちをこのナザレ派のような性格のグループと称しています。

3　同化派（Assimilationist）

彼らは、ギリシャ語を使う地域に住んでいたユダヤ人として、霊的に見る時、ユダヤ人の伝統的遺伝とは遠い人たちでした。福音を受け入れつつ、非ユダヤ人文化が優勢な状況のままで彼らに同化（Assimilation）し、文化的に変質していたのです。よって彼らは、結局、ユダヤ人としての性質と本質を失ったのでした。

教会内の反ユダヤ主義の胎動

これら3つのグループは、使徒たちが死んだ後の1世紀末と2世紀中盤にかけて、多くの変化を遂げました。特に、ＡＤ68年から１００年の間に、多くの変化がありました。そうなった正確な理由は今に至るまでわかっていませんが、予想することはできます。この期間の終わりごろ、教会とユダヤ教会は、互いに絶対的な不和関係にあり、ナザレ派のユダヤ人は、他の２つの派から拒絶されていました。分派間の、このような進行過程の根本的な原因を、次のように考えることができます。

まず、新約聖書がギリシャ語で書かれていたということです。世界はギリシャ文化が支配しており、よって、神様のメッセージがより広範囲な世界の聴衆に伝えられました。ここで注目することは、新約聖書の背景は、状況がヘブル的であったにもかかわらず、ギリシャ語に慣れていた人たちは、その内容を少しずつギリシャ的状況に適用していき、これによって聴衆は、根本的にヘブル的観点よりはギリシャ思考的な教えと教訓を受け入れる方に傾いていったということです。ですから、ユダヤ人にとって教会は、だんだん、より外国人のためのもののように感じられてきたのです。

次に、使徒たちが死んだ後に、大部分の教会の指導者が非ユダヤ人に移っていった点です。不幸なことに、このような指導者の多くが、ユダヤ人やユダヤ人の聖書的習慣を正しく理解できませんでした。彼らはエルサレムの滅亡を、イスラエルに対する神の最終拒否の明らかな証拠として受け止めたのです。

また、ローマ人への手紙11章のパウロの教えの「イスラエルはみな救われる」というのは、イエス様を受け入れるすべてのユダヤ人と異邦人として、霊的なイスラエルを意味していると解釈しました。新約聖書に出てくるユダヤ人の宗教的伝統儀式と偽善に対してのろっている箇所を、ユダヤ的であるすべてのことをのろっていると解釈したのです。ユスティノス、アンティオキアのイグナティオスなども、ユダヤ的なすべてのことはみな、役に立たないと表現しました。

しかし、このすべての過程の中で最も記憶すべきことは、ナザレ派のユダヤ人です。彼らはイエス・キリストの近い親戚や弟子たちの弟子であり、また、ユダヤの伝統を大切にしていたのです。

ユダヤ人のナザレ派排斥

今までは、イエス様に従う人たちの立場から、ナザレ派ユダヤ人の立場を見てきましたが、これからは、一般のユダヤ人の中でナザレ派が排斥されていく状況を見ていきましょう。特にユダヤ教会は、教会の見解とは反対の立場で自分たちの教理を展開し、発展させながら、ナザレ派を排斥しました。

ＡＤ70年、ローマの将軍ティトゥスによってエルサレムが崩壊する前、ユダヤ人の中にはいくつかの分派がありました。その中で秀でていた分派がパリサイ派、サドカイ派、エッセネ派でした。ナザレ派ユダヤ人は、イスラエルの中に、もう一つの分派を形成していましたが、ユダヤ共同体からも排斥されました。その理由をすべて知ることはできませんが、いくつかははっきりと知ることができます。

1　排斥理由

ローマの軍隊が、ユダヤ人の反乱を鎮圧するためにエルサレムへ軍を送った時、ナザレ派は市内から逃げ、ペトラに住みました。そのため、ローマ軍隊の残虐な破壊と殺りくから免れることができました。その後、他のユダヤ共同体の残った者たちは、ナザレ派に裏切り者という烙印を押し、彼らを受け入れませんでした。

しかし、彼らが山へ逃げたのは、マタイの福音書24章とルカの福音書21章に記録されているように、軍隊が包囲し、戦争が起きた時には山へ逃げるようにとイエス様が言われたためで、反逆を企てたわけではありませんでした。

また別の理由は、ユダヤ人のメシヤに対する間違った理解によって生じたものでした。ユダヤ人としては、彼らの偉大な王メシヤが一般的な罪人として死ぬということは、とても受け入れられないことでした。メシヤが王としての役割を果たす前に、苦難をまず受けなければならないことも受け入れることができませんでした。よって、そのような思想を持つ者たちを許すこともできなかったのです。

その上、ユダヤ教会の主な指導者たちは、ナザレ派が新約聖書を教えることにひどく憤慨していました。新約聖書を教えることによって、異邦人がユダヤ教に改宗する数が大きく減少してしまったためです。新約では、異邦人でもイエス様を受け入れてイスラエルの神を礼拝すれば救われるだけでなく、割礼も必要なく、それまで伝統的に守ってきたあらゆるしきたりを守る必要もないと教えたからです。これによって、ユダヤ教に改宗するかもしれなかった多くの人たちが、ユダヤ教会を離れて新しい運動へと流れて行ったのでした。

2　伝統ユダヤ教の確立

神殿が破壊された後は、ユダヤ人の中で、パリサイ派だけが指導力を強め、サドカイ派やエッセネ派は力を失っていきました。このパリサイ派ユダヤ主義が、今日の伝統的ラビのユダヤ主義先駆者となったのです。ラビは、彼らの教理の下、すべてを統一化させて保存し、ユダヤ主義でないすべての形態を排撃しました。その後、伝統的ラビのユダヤ教が、標準的なユダヤ教となりました。ＡＤ90年に開かれたヤムニア会議ではユダヤ教を定義し、異端者を裁きました。この時に、ナザレ派はラビたちによって異端とみなされ、裁かれたのでした。

３　バル・コクバの反乱の被害

ナザレ派をユダヤ共同体の残りの者からさらに引き離したもう一つの出来事は、バル・コクバの乱です。ＡＤ１３５年、ユダヤ人がローマに対抗して第二次ユダヤ戦争を起こしました。バル・コクバは、この戦いで前線に立ったユダヤ軍の指導者です。彼はとても無慈悲な性分の持ち主でした。彼が、反乱のためにユダヤの地に残っていたユダヤ人を募集した時、初めはナザレ派も後に続き、イスラエルに対する忠誠心を見せようと努力していました。

ところが戦争中に、アキバという、その当時尊敬されていたラビが、バル・コクバをメシヤだと宣言したのです。メシアニック・ジューは、このにせのメシヤに従うことは到底できず、仕方なく武器を捨てました。バル・コクバは、自分に全面的に従わない者たちを大量に虐殺しました。その後まもなく、反乱軍はローマ軍に鎮圧され、アキバも死に、バル・コクバも殺害されて、多くのユダヤ人が死んでいきました。

ナザレ派は戦いに参加しなかったために再び裏切り者という烙印を押され、その後の数世紀の間、少しずつ数が減っていき、結局消滅してしまったのです。

歪曲された神学的見解の発展

このような歴史的事件の結果、教会内では、イエス様を信じる忠実なユダヤ人の証言は失われ、ユダヤ共同体の中からも彼らの存在は消し去られたのでした。こうして教会は、次第に異邦人が増え、ユダヤ民族と教会の間を取り持つ橋がまたなくなったのです。かえって、教会とユダヤ教会の間には、敵対心だけが増していきました。教会とユダヤ教会は、異邦人の中から改宗者を得るために互いに争い、彼らの神学思想も互いに正反対の立場で形成され、発展していきました。

教会は今や「新しいイスラエル」であるだけでなく、唯一の「真のイスラエル」として定着しました。そして、古いイスラエルは、神の前で裁かれたと受け止められたのです。アンブロジウス司教（4世紀）は、ユダヤ教会を焼き払うことを容認し、それは罪ではないと陳述しました。アウグスティヌスも「古いイスラエルは、ただ一つだけ使い道がある。それは、神に背いた者が受けるみじめな姿を見せていることだ」と言いました。

ヨハネス・クリュソストモスは、聖人とみなされている有名な説教者です。彼は、説教を通してユダヤ人を酷評し、「みだらで意地汚く、欲が深くて不誠実な悪党ども。殺人の常習犯で、破壊者たち。悪魔にとらわれている者たち。放蕩と酒に貪欲な、豚やヤギのようになった者。彼らは、ただ一つだけ知っている。腹を満たし、酒を飲み、互いに噛みついて殺し合うことだ」と表現しました。また「私はユダヤ教会を見たくない。なぜなら、そこには律法と預言者がいるからだ。私は、ユダヤ人を憎んでいる」という宣言もしました。

クリュソストモスがユダヤ人に向かって言った「神はお前たちを憎んでいる（God hates you）」という言葉を、ユダヤ人はその後、長い年月の間、くり返し言われながら生きてきました。異教徒やキリスト教徒の間では、ユダヤ人を迫害し、虐待したり虐殺したりする行為が、きよい怒りの道具とみなされました。これが、キリスト教徒が好む教理のようになってしまったのです。

マルティン・ルター（ＡＤ１４８３～１５４６）も教理集を発刊する時、最初はユダヤ人がそれを読んで悟り、キリスト教に改宗することを期待しましたが、そうならなかったので、ひどく失望して腹を立てました。彼は態度を変え「このろわれたユダヤ民族を、我々クリスチャンはどうした良いものか」と言いながら、これに対する答えとして次のような文を書きました。

一つ、彼らの会堂は、火で焼き払わなければならない。……

二つ、彼らの家は、同様に打ち壊さなければならない。……

三つ、彼らの祈りの本とタルムードを没収しなければならない。……

四つ、彼らのラビは、これ以上教えることができないようにし、守らなければ処刑しなければならない。

もし、私のこの忠告が適当でないなら、より良い方法を見つけて、私たちがこの我慢できない悪魔のようなユダヤ人から自由になろう。

数世紀が過ぎ、ナチスが出てきた時、ナチスは反ユダヤ主義を宣伝するためにルターの言葉を引用しました。歴史の過程の中で、教会が蒔いた種をナチスはただ刈り取っただけなのです。

教会の指導者たちの歪曲した神学的見解は、アブラハムの肉的子孫に与えられた聖書の預言と約束を、霊的にのみ解釈するよう誘導しました。例えば、神がイスラエルを通して世界を祝福するということは、教会の祝福として解釈したのです。一言で表現するなら、教会はすべての祝福を受け取り、イスラエルにはすべてののろいを負わせたということです。

反ユダヤ主義の発展

ＡＤ３１３年、キリスト教がローマで公認され、教会は制度化されて、ユダヤ人に対する教会の迫害はさらに組織的に行われていきました。教会とユダヤ教会の間の理解と和解の可能性は、ますます遠いものになっていきました。

ＡＤ１０９６年から始まった十字軍戦争は、聖地をアラブ――イスラム教から解放するために始まった戦争でしたが、ユダヤ人にはひどい受難の時でした。十字軍の兵士を募集する時、十字軍に従軍すれば、地獄と煉獄《れんごく》から自由を得ると言われていました。その時ヨーロッパでは、ヨーロッパ内にも異教徒のユダヤ人がいるのに、聖地にいる異教徒を排除しに行くというのは、論理上つじつまが合わないという声が上がってきました。このような理由で、十字軍は彼らの十字架を高くかかげ、聖地に向かう途中、行く先々でユダヤ人を殺し、財産を略奪したのです。

本来十字架は、他人のためにいのちを差し出すシンボルでしたが、この十字軍戦争における十字架の意味は、大きく変質しました。この当時の十字架は、刀で拷問したり殺したり、略奪したりする道具となってしまったのです。今日もユダヤ人は、十字の印を嫌い、のろいのシンボルと考えており、「イエス」という名前はのろいの代名詞として使われています。今もイスラエルでは、国際的に病院や緊急救助のシンボルとして広く使われている十字の印を使わないといいます。

１０９９年には、エルサレムにいたユダヤ人が、彼らの大きな会堂に監禁包囲されたまま、十字軍が放った火によって焼け死んだという事件があり、十字軍戦争中に、エルサレムに住んでいた30万名のユダヤ人のうち、29万９０００名が亡くなったと考えられています。

いつまでも虐げられ、略奪されるだけ

ヨーロッパに住んでいたユダヤ人は、それまで住んでいた地域から急に追放されることもありました。１２９０年、イギリスでは、ユダヤ人を一度に追放したため、海に飛び込んで死んだ者も多くいました。シェイクスピアが生きていた当時には、イギリスにユダヤ人はいませんでしたが、彼の作品には、ユダヤ人に対する悪い描写がたびたび出てきます。

１３０６年にはフランスから、１３５０年にはドイツから、１４９２年にはスペインから、１４９７年にはポルトガルから、１５１５年にはトルコ帝国から追放され、１８８１年にはドイツで虐殺が始まり、１９３９年の６００万大虐殺へつながったのです。

大虐殺（ホロコースト）の研究で有名な学者、ラウル・ヒルバーグは『ヨーロッパ・ユダヤ人の絶滅』という本で、次のように描写しています。

ＡＤ４世紀後、３つのパターンの反ユダヤ主義の政策があった。それは、改宗（強制的

な)、追放、虐殺である。この三つの中で、二つ目は、一つ目が失敗した時に行ったもので、三つ目は、二つ目がうまくいかなかった時に行ったものである。キリスト教の宣教師たちはユダヤ人に「お前たちユダヤ人は、我々と一緒に住む権限がない」と言い、このような主張に同調した世の中の指導者たちは、「お前たちは我々と一緒に住む権限がない」と言った。ナチスはついに法令を作って「お前たちは生きる権利がない」と公布した。

反ユダヤ主義の進行過程を見ると、最初はユダヤ人に「キリスト教徒」になるよう強要しました。しかし、それがうまくいかないと、拒んだ者たちを流刑にし、結局は死に追いやったのです。ナチスドイツは、過去を捨てたのではなく、過去の土台の上に彼らの基盤を築き上げたのでした。

このようにして、ユダヤ民族は彼らの地であるパレスチナから完全に引き抜かれて各国に散らされ、本土は1800年あまりの間、荒廃した砂漠のように変わってしまったのです。彼らは行く先々で、反ユダヤ主義に直面し、絶えず迫害と虐殺と強奪と排斥を受けました。ユダヤ民族が、約1900年間経験してきた苦難の歴史を最も正確に描写している表現があるとすれば、申命記28章29節だと言えるでしょう。

「あなたは目の見えない人が暗闇で手さぐりするように、真昼に手さぐりするようになる。あなたは何をしても成功せず、いつも虐げられ、略奪されるだけである。あなたを救う者はいない。」（申28・29）

7　イスラエルの回復と教会の役割

イスラエルの回復は、２つの面で成し遂げられます。肉的な回復と、霊的な回復です。まず、肉的な回復があり、次に霊的な回復が訪れます。肉的な回復はすでに成就し、また成し遂げられつつあります。これからは、イスラエルの民がイエス様をメシヤとして認め、受け入れて、神様に近づく、霊的回復の段階が来ています。この時の教会の役割を見ていきましょう。

栽培されたオリーブの木と野生種のオリーブの木のたとえ

教会は、ペンテコステの聖霊降臨によって生まれました。初代教会は、大部分がユダヤ的、ヘブル的背景を持っており、主にイスラエル人によって構成されていました。その当時、教会の重要な課題は「ユダヤ人がキリスト教徒になることができるか」というより、むしろ「異邦人がキリスト教徒となることができるか」ということでした。

しかし、前述した通り、時が流れて教会内のユダヤ人はいなくなっていき、代わりに異邦人でいっぱいになったのです。これによって今日の教会は、まるで異邦人クリスチャンの共同体のように考えられていますが、この先、異邦人の数が満ちれば、全イスラエルが救われ、教会はイスラエルと異邦人がイエス様を頭として一つのからだを建て上げ、統一されるのです。

よって教会は、イスラエルから分離されたり、完全に決別したりしたわけではありません。教会がイスラエルと対立したり分離したりするために呼ばれたのでもありません。かえって教会は、神様がイスラエルに約束された契約に加わるようになるでしょう。異邦人クリスチャンは、イスラエルに与えられた神の約束を果たす権利と共に、既存の契約の恵みの中に入る資格を持つようになりました。ローマ人への手紙11章17節以下で説明しているオリーブの木のたとえは、このことをよく教えています。

パウロは、イスラエルを栽培されたオリーブの木、異邦人クリスチャンを野生種のオリーブの木として比べています。折られた栽培オリーブの木の枝に、野生種のオリーブの木が接ぎ木され、栽培オリーブの木の養分を共に受ける者になったと説明しているのです。このたとえでは、一本の木があり、ユダヤ人の枝と異邦人の枝はすべて、同じ根から養分を受けて生命を維持し、実を結びます。神様は、他のオリーブの木を作られませんでした。また、ローマ人への手紙11章17から24節では、教会である私たちが、どのような姿勢を持つべきかについて勧めています。

「枝の中のいくつかが折られ、野生のオリーブであるあなたがその枝の間に接ぎ木され、そのオリーブの根から豊かな養分をともに受けているのなら、あなたはその枝に対して誇ってはいけません。たとえ誇るとしても、あなたが根を支えているのではなく、根があなたを支えているのです。すると、あなたは「枝が折られたのは、私が接ぎ木されるためだった」と言うでしょう。そのとおりです。彼らは不信仰によって折られましたが、あなたは信仰によって立っています。思い上がることなく、むしろ恐れなさい。もし神が本来の枝を惜しまなかったとすれば、あなたをも惜しまれないでしょう。ですから見なさい、神のいつくしみと厳しさを。倒れた者の上にあるのは厳しさですが、あなたの上にあるのは神のいつくしみです。ただし、あなたがそのいつくしみの中にとどまっていればであって、そうでなければ、あなたも切り取られます。あの人たち（イスラエル）も、もし不信仰の中に居続けないなら、接ぎ木されます。神は、彼らを再び接ぎ木することができになるのです。あなた（異邦人）が、本来野生であるオリーブから切り取られ、元の性質に反して、栽培されたオリーブに接ぎ木されたのであれば、本来栽培された枝であった彼ら（イスラエル）は、もっとたやすく自分の元のオリーブに接ぎ木されるはずです。」（ロマ11・17〜24）

私たちは、神の前で自分を低くし、栽培されたオリーブの木が再び接ぎ木され、ユダヤ人と異邦人が神であるオリーブの木にとどまることを願うべきなのです。

ユダヤ人はなぜ苦難を受けるのか

この質問は、祖国を離れてさまよっているユダヤ人が、絶えず自問自答してきた質問であり、今日、本土へ帰ってきたユダヤ人にもこの質問はついて回っています。しかし、この質問をするのがユダヤ人であるということは、とても不思議なことです。なぜなら、これに対して明確で権威ある答えを与えることができる唯一の本、すなわち完全にユダヤ人のために書かれ、ユダヤ人だけが所有してきた本、聖書があるからです。

「苦難」とは、ユダヤ人だけが受けるものではありません。すべての人類、すべての歴史に苦難があり、現在も存在しています。世の中にあるどんな本も、苦難の理由について語ることはできませんが、ただ聖書だけが、人類が受ける苦痛について、その理由を教えています。聖書が啓示する苦難の理由は、人間が神に背いたからです。神に対する人間の不従順が、すべての人類の苦痛の根です。ユダヤ民族が受けた苦難の根本原因も、神のみことばに背いたことにあるのです。旧約に出ている歴史的事件が、それを証明しています。

例えば、サムエル記第一の15章では、神様が預言者サムエルを通して、イスラエルの最初の王であるサウルに、アマレク人の王と民を聖絶するよう命じられました。しかしサウルは従わなかったので、神様は、その罪によってサウルを捨てられました。サウルは、神様の命令に全く従わなかったわけではありません。ただ、部分的に従わなかったのです。しかし、結局のところ、部分的な不従順は、完全な不従順となるのです。

二つ目の例は、ＢＣ７２１年に北イスラエル王国がアッシリア軍に滅ぼされます。その理由が列王記第二17章13節から14節、18節に出ています。神様は預言者を送り「悪の道から立ち返って、わたしの命令とおきて、先祖たちに命じた律法を守るようにという警告を受けても、イスラエルはかたくなになり、みことばを聞き入れないので、アッシリアを用いてイスラエルを滅ぼす」と警告されました。

後に、南ユダ王国もバビロンに捕虜として連れて行かれました。神様が南ユダを裁かれた方法は違いますが、理由は同じでした。預言者を通して送られた神様のみことばに背いたためです。

イスラエルの全歴史を通して神様は、異邦人を裁きの道具として用いられ、かたくなで不従順なイスラエルを裁かれ、その結果、イスラエルには大きな苦難が訪れました。あらゆる境遇において、イスラエルが受けた苦痛の真の理由は、異邦人が強くてイスラエルが弱かったからではなく、神のみことばに対する背きのためでした。

次に、イスラエルに訪れた大きな災難は、ＡＤ70年にティトゥス将軍によってエルサレム神殿が破壊されたことでした。その結果、ユダヤ人は世界各地へ散らされました。これは、イスラエルの歴史上、最も大きい災難でした。１９００年あまりの歳月が流れ、ユダヤ人が全世界から再び集まってきましたが、この災難の余波を今でも感じます。ところで、これらの事件をはっきりと予告したみことばが、レビ記26章に書かれています。レビ記26章27節から45節を見ると、今までユダヤ民族が受けてきた、あらゆる苦難の歴史を、これ以上はっきりと記録することができないというほど正確に預言しています。

イスラエルの散らされた状況を、聖書がこれほど正確に預言していたのなら、その原因についても同様に、正確性と権威によって語っている箇所があるだろうというのは、当然の推測です。その理由もやはりレビ記26章に書かれており、それを要約すると、「不従順」と「かたくなさ」であると言うことができます。

苦難があるたびに、神様はイスラエルに預言者を送り、特別なメッセージを与えています。サウル王にはサムエルを通して、北イスラエル王国にはアモスとホセアのような預言者を通して、南ユダ王国にはイザヤとエレミヤを通してメッセージを語られました。では、ＡＤ70年から今日まで、イスラエルが受けた苦難の歴史は、どの預言者の、どういったメッセージを拒んだ結果なのでしょうか。この災難は、これまで受けたどんなものよりも大きくひどいものだったので、私たちは深刻に考えざるを得ません。

申命記18章18節から19節で、モーセはイスラエルに警告しました。「神様は、あなたがたに私のような一人の預言者を送るでしょう。彼は、それ以前に現れたどんな者よりも大きな権威を持ち、彼を拒む者には神の裁きがあるでしょう」と言われました。もちろん、モーセ以後、ダビデ、エリヤ、イザヤなどの偉大な預言者が現れましたが、モーセが語ったような、完全な権威を持つ者ではありませんでした。では、この預言者は誰であり、いつ来られ、彼のメッセージはどのようなものだったのでしょうか。

新約聖書は、これについてはっきりと語っています。使徒の働き3章22節から26節で、ペテロは「モーセが語った『ひとりの預言者』とはイエス・キリストである。彼を通して神様は、アブラハムと結ばれた契約を完成させる。だから、イエス様を拒むことは、神様がアブラハムと結ばれた契約を拒むことなのだ」と証言しています。

イスラエルは、民族的にイエス様を排斥し、彼らに与えられた契約も拒み、今日も同様に拒み続けています。その結果、イスラエル民族がその前のどの時代にも見なかった大苦難を受け、それが今日まで続いているのです。すべての思考と歴史と聖書が、このことを証明しています。

ユダヤ人ならば誰でも、この事実に対して深く調べてみる必要があります。その方法は一つです。ヨハネの福音書5章39節でイエス様が語られたように、聖書から探し、研究することです。

「あなたがたは、聖書の中に永遠のいのちがあると思って、聖書を調べています。その聖書は、わたしについて証ししているものです。」（ヨハ5・39）

旧約では、イスラエルに対する神様の計画と、やがて来られるメシヤについて記されています。そして新約では、イエス様の生涯と働き、そしてユダヤ人であった弟子たちの記録と手紙が記されています。これらすべてを見て、出てくる結論はただ一つです。「その預言者は、イエス・キリストである」ということです。

ルツとナオミとボアズ

栽培されたオリーブの木が一度は折られたが、再びつぎ合わされるということと、全イスラエルが救われるということを、聖書を通して知りました。再びつぎ合わされて救われるというのは、彼らがイエス様をメシヤとして認め、受け入れることによって成就されます。それならば、このイスラエルの霊的回復の問題と、今や異邦人であふれている教会の役割とは何でしょうか。

イスラエルに対する、一般的な二つの見解があります。一つは、神様はもう、選ばれたイスラエルの民との関係を完全に切られ、イスラエルは国家的な面で特別な民族ではないというものです。もう一つは、イスラエルはあまりにも特別な神の選民なので、福音は必要なく、終わりの日に神の摂理の中で彼らは救われる、そのため私たちは彼らに福音を伝える必要が全くない、というものです。

しかし、どちらの見解も間違っています。神様は彼らを決して捨てることはせず、回復させせます。また、異邦人の教会に向かって「イスラエルもあわれみを受けるべき」（ロマ11・31）と言われ、「それによって何とか私の同国人にねたみを引き起こさせて、その中の幾人でも救おうと願っているのです」（ロマ11・14）と言われたのは、今日の教会の使命を語っているのです。つまり、今度は異邦人教会が、イスラエルにあわれみを与えなさいということです。教会は、祭司長として霊的に、イスラエルを産まなければならないのです。

旧約のルツ記に出てくるルツとナオミ、ボアズの話には、他の多くの教訓もありますが、教会がイスラエルを産み出すのに貢献することを例示する意味も多く含まれています。姑のナオミの名前は「快い」という意味で、昔のイスラエルを代表しています。この女性は、各地に移り住みながら、すべてを失ってしまいました。嫁のルツは、「友情」という意味で、若く生命力のある教会を表します。ナオミはイスラエル人であり、ルツは異邦人ですが、結婚（契約）関係によって結び合わされました。よって、ルツは「あなたの民は私の民、あなたの神は私の神です」と宣言したのです。同様に、古いイスラエルと教会は、契約によって結ばれたので、イスラエルの神は、私たち異邦人教会の神であるのです。

驚いたことに、ナオミとルツは、大麦の刈り入れの始まったころ、ユダヤの地に戻ってきました（ルツ1・22）。刈り入れの時期とは、ユダヤ人と異邦人が意図的に結びつくことを願う、より大きな霊的刈り入れを指していると言えます。話は展開し、ルツが落ち穂を拾っていると、ボアズに出会います。ボアズという名前は「力ある者」という意味ですが、彼は、死別したナオミの夫の名前と財産を買い戻すことができる、合法的で個人的な動機を持つ唯一の人です。ボアズは、ナオミと親戚関係にあり、未来に子孫を残すことのできる人でした。このような理由でボアズは、ルツ記で13回も買い戻しの権利のある者(Kinsman-redeemer）と言われているのです。

ボアズは、イエス・キリストを予表する人物です。ルツは、謙遜で誠実なので、ボアズはルツにひかれます。

「ボアズはルツを迎え、彼女は彼の妻となった。ボアズは彼女のところに入り、主はルツを身ごもらせ、彼女は男の子を産んだ。」（ルツ４・13）

この男の子は誰でしょうか。近所の女たちが来て、男の子を見て「ナオミに男の子が生まれた」（ルツ４・17）と言ったのはどういう意味でしょう。年老いて、力もないナオミが、この息子と何の関係があるのでしょうか。ボアズはナオミの夫でもなく、ナオミが子どもを産んだわけでもありません。しかし、預言的宣言として、「ナオミに男の子が生まれた」と言ったのです。若く愛らしいルツは、自分の生命力のある子宮を通して、年老いてしわくちゃのナオミが最後に男の子を産むことができるよう、自分をささげたのです。

イスラエルが受けたあらゆる辱めと犠牲と苦難は、数世紀の間、何も産み出すことができませんでした。１９４８年に独立した後の国家的な受難と苦痛も、ただ風を産んだようなものでした（イザ26・10）。イスラエルは、生きている、いのちを産み出す子宮を必要としています。この時代の教会は、イエス・キリストを通して彼らに、新しいいのちが生まれるように助ける召命を受けているのです。

新しいひとりの人――ユダヤ人と異邦人（エペ2・15）

私たちが終わりの日に見る、驚くべき神様の計画の一つは、ご自身において新しい人を造り上げるということです。

「実に、キリストこそ私たちの平和です。キリストは私たち二つのもの（ユダヤ人と異邦人クリスチャン）を一つにし、ご自分の肉において、隔ての壁である敵意を打ち壊し、様々な規定から成る戒めの律法を廃棄されました。こうしてキリストは、この二つ（ユダヤ人と異邦人）をご自分において新しい一人の人に造り上げて平和を実現し、二つのものを一つのからだとして、十字架によって神と和解させ……」（エペ2・14〜16）

この「二つのもの」とは、ユダヤ人と異邦人のことであり、アブラハムが召命を受けた後から、葛藤と敵対関係の中にある、二つのものです。この二つは決して和解できず、東が西から遠いように、互いの間には敵対心と葛藤が積まれてきました。

しかし、キリストの十字架が、私たちのあらゆる敵、のろいと分裂を消滅させ、一つになることを妨げていた壁を打ち壊されたのです。それからは、ユダヤ人と異邦人がキリストの愛の中でひとりの人になり、神様に礼拝をささげるようになったのです。

これは、ガラテヤ人への手紙3章26節から29節にも語られています。

「あなたがたはみな、信仰により、キリスト・イエスにあって神の子どもです。キリストにつくバプテスマを受けたあなたがたはみな、キリストを着たのです。ユダヤ人もギリシア人もなく、奴隷も自由人もなく、男と女もありません。あなたがたはみな、キリスト・イエスにあって一つだからです。あなたがたがキリストのものであれば、アブラハムの子孫であり、約束による相続人なのです。」

(ガラ3・26～29)

ヨハネの福音書17章20節から21節で、イエス様はこう語られました。

「わたしは、ただこの人々のためだけでなく、彼らのことばによってわたしを信じる人々のためにも、お願いします。父よ。あなたがわたしのうちにおられ、わたしがあなたのうちにいるように、すべての人を一つにしてください。彼らもわたしたちのうちにいるようにしてください。あなたがわたしを遣わされたことを、世が信じるようになるためです。」（ヨハ17・20〜21）

このみことばは、すべての信じる人々、つまり、イエス様と共にいた弟子たちを含めて、これから信じるようになる人々、ユダヤ人や異邦人まで、すべてがイエス様にあって一つとなるということを言っています。イエス様は、答えられない祈りをされたことはないので、この祈りも成し遂げられることでしょう。

イスラエルと異邦人教会は、イエス・キリストのうちにあって一つになりつつあります。このことを少し考えてみましょう。前に説明した通り、神様がイスラエルを受け入れ、彼らを肉的、霊的に回復されるなら、死んだ者が生き返る復活が起こります。この復活は、霊的復活としては、全世界に大きな霊的リバイバルをもたらすものであり、肉の復活は、イエス・キリストの再臨の時に起こる、イエスラエルの回復、イエス様の再臨を意味します。

ここで、イスラエルが霊的に回復し、全イスラエルが救いを受けるということは、死んでいたイスラエルが民族的に再び生まれるということです。そして私たちは、すでに肉的にイスラエルが回復し続けているのを見ています。では、このイスラエルの中に入り、生かすイスラエルの魂は何でしょうか。

それは、異邦人教会です。イスラエルはアブラハムの肉の子孫であり、神様が与えられたカナンの地（現在のパレスチナ地域）に建てられた現実的な国家です。彼らが行う宗教儀式、つまり、祭りを通して神様に近づき、割礼を行い、律法と安息日を守ることや、季節の祭りを守ることなど、すべてが肉的なものということができます。

しかし、異邦人教会はどうでしょうか。行っているすべてが霊的です。教会は、地域や建物にとらわれず、神様のみことばを霊的に解釈し、羊や牛をささげ物にする代わりに賛美や敬拝、つまり、霊とまことをもって礼拝をささげます。からだに割礼を授ける代わりに、心に割礼（バプテスマ）を行います。旧約で守っていたすべての祭りを、霊的に理解して受け入れます。イスラエルが死に、イスラエルから生まれ、聖霊によって建てられたのが教会です。初代教会時代から教会は、霊的イスラエルであると言われていますが、その通りです。もちろん、教会がしてきたことがすべて霊的で義であったということではありません。

霊的なイスラエルが、福音を肉のイスラエルに抱かせることによって、言い換えると、霊的イスラエルが肉的イスラエルの内に入ることによって、イスラエルは息を吹き返し、復活して、神の前でこの二つが一つとなり、まことのイスラエルが新しい人として現れるのです。神様がイスラエルを受け入れるということは、死んだ者の中から生き返るということです。イスラエルは死んでいたのに、異邦人教会と一つになることで復活することができるのです。聖書ではイスラエルと異邦人の二つだけがあり、イスラエルのすべての信じる者たちと、異邦人の中で信じるすべての者たちがキリストにあって一つとなり、まことのイスラエルとなり、イエス様のからだ、子羊の新婦、神様が宿る住まいとなるのです。

8　この奥義を教えられた理由は？

神様は、選ばれた民イスラエルを約１９００年過ぎたこの時代に再び約束の地へ戻らせ、今、彼らを霊的に回復させようとしておられることを私たちに悟らせてくださいました。これをなされる神様の計画も見せてくださいました。すなわち、異邦人に霊的リバイバルと豊かさをもたらして、ついに全イスラエルが救われることと、イエス・キリストの再臨とは絡み合っているという実に驚くべき奥義です。そして、教会は祭司長として、イスラエルの霊的回復に責任があることを教えてくださいました。では、これから私たちは、何をすべきなのでしょうか。

賛美し、宣言しなさい

エレミヤ書31章7節は、まず私たちがすべきことを提示しています。その内容は、イスラエルの残された者を集められる神様を賛美し、それを全世界へ宣言することです。何を賛美するのでしょうか。まず、預言者を通してイスラエルに与えられた約束を、数千年が過ぎても変わらずに守られる、真実な神様を賛美することです。神様が、イスラエルの民に繰り返し約束されたことを、確かに成し遂げられるのを見て、神様が私たちにされた約束も確かに成し遂げられることを感謝して賛美することは、当然の応答です。そして、イスラエルの回復とイエス様の再臨によって、新しく回復する黙示録の出来事を待ち望み、神様の計画と摂理を声高く賛美するのです。

今、イスラエルが再び集まっているのは、聖書が真実であり、現実的で生きている本であるということを、全世界に客観的に確信させるためです。イスラエルを再び集められているのは、すべての民族がそれを見て神様をあがめるためです。よって、この時代にすべての民族が神のこの驚くべき計画を知ることができるよう、イスラエルと世界に向かって宣教の使命を持って宣言しなければなりません。

祈りなさい

1　ダニエルの祈り

預言者ダニエルは、今日、私たちがどのように祈るべきかを教えてくれます。彼は、エレミヤ書を読んでいる中で、ユダヤ民族がバビロンでの捕囚生活を終え、神様が祖国へ帰らせる日が近づいているということを悟りました。つまり、70年が経った時に捕囚生活が終わる（ダニ9・2）という預言のみことばを読んで、祖国へ帰る日が遠くないとわかったのです。

神の計画を知った時、ダニエルは、何もせずにその時を待ちながら、ただ国に帰る日を思い巡らせていたのではありませんでした。ダニエルは断食をし、荒布を着て、灰をかぶって祈り始めました。まず、先祖が神様に罪を犯したために、捕囚生活になった罪を自分の罪として告白し、悔い改めて神の赦しを求めました。そして、「あなたが計画されたことを、速やかに行ってください」と祈ったのです。

ユダヤ人が捕囚生活を終えて、自分たちの地へ帰るという状況は、今、私たちが目の当たりにしている状況と全く同じです。神様がイスラエルに下さった回復の約束が、この時代に幅広く豊かに成し遂げられるよう、教会は断食をして、かつての教会がユダヤ人に行ってきた罪を悔い改めて祈るよう求められています。特に、北方ソ連にいる200万名以上のユダヤ人が、早く祖国に戻ることができるように、また、神様がきよい水で洗われる霊的回復運動が民族的に起こるように祈らなければなりません。

イスラエルの回復のために力を尽くして祈る時、神様は、私たちがすべきことを教えてくださるでしょう。

2　エルサレムの平和のための祈り

エルサレムは、名前自体が「平和の都市」という意味です。神様がこの世の中で、一つの都市を定めてご自分の名前をつけ、万民がその都市を見て神様を思い、ご自分の名前を呼ぶようにされました。その都市がエルサレムです。

しかし、敵であるサタンは、何としてでも人間の関心をエルサレムから遠ざけようと、偶像崇拝、戦争など、あらゆる手段を用いて平和を壊そうとしてきました。AD70年以後、10カ国以上の異邦の国々が占領してきたエルサレムを、1967年6月、六日戦争の時にヨルダンから再び取り戻し、ユダヤ人の所有としました。1900年あまりの間、異邦人に踏みつけられてきたエルサレムが、今、再び回復したのです。
詩篇122篇6節から7節は、エルサレムの平和のために祈るように語っています。

「エルサレムの平和のために祈れ。『あなたを愛する人々が安らかであるように。あなたの城壁の内に平和があるように。あなたの宮殿の内が平穏であるように。』

（詩122・6～7）

エルサレムの平和は、イスラエル民族の平和であるだけでなく、すべての民族の平和と繁栄と切り離せないものです。エルサレムに平和がなければ、この地上のどこにも、真実で永遠の平和と回復はないのです。ですから、全世界、すべての民族のクリスチャンは、エルサレムの平和のために祈らなければなりません。また、エルサレムを愛する者が栄えるようにという祝福が与えられています。これは、私たちが皆、力を尽くして祈

エルサレムの平和のための祈り

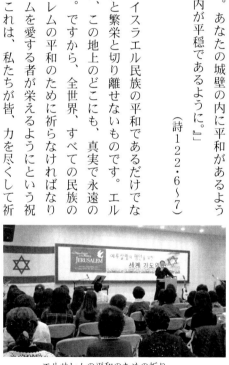

るべき実質的な理由でもあるのです。

エルサレムの平和のために祈る時には、パレスチナ地域の絶え間ない紛争から、神様がイスラエルを守ってくださるように祈るべきです。周辺の敵対しているアラブ国家の勢力と侵略から、また、イスラエルに反対する立場にいるすべての国連の決定から守られるよう祈らなければなりません。一般的に、ほとんどのメディアはイスラエルを攻撃し、中東の石油に依存する国々はアラブを支持します。しかし、イスラエルは、パレスチナから追い出そうとするすべての勢力から守られなければなりません。

また、私たちの国が国家的に、アラブの石油のために、イスラエルと敵対関係に立つことが決してないように祈る必要があります。さらには、イスラエルと親密な友好関係が結ばれて、交易が活発になるように神様に求めるべきです。

3　見張り番の任務

私たちは、見張り番のような役割をするために、イスラエルで起きる出来事をその都度探知して、神様に申し上げなければなりません。また、具体的な項目を上げて祈るために、イスラエルの国内の情勢に常に関心を持って見守る必要があります。イスラエルで周期的に発刊される週刊誌や月刊誌などを通して、政治的、社会的、経済的状況を深く知ることもできます。

教会の悔い改め運動の展開

初代教会以後の教会は、イエス様の名によってユダヤ人を約１８００年間迫害し続けてきました。今まで紹介したものは、ごく一部分にしか過ぎません。ユダヤ人に伝道し、霊的回復を成し遂げるために、教会は今までの先祖の過ちを深く悔い改め、自分が犯した罪であるかのように神様に悔い改め、公にもイスラエルに対して悔い改めのメッセージを送るべきだと思います。次の３つを挙げることができます。

１　とりなしの悔い改め

教会に反ユダヤ主義があったことを認め、今はそれを拒否し、嘆きながらとりなしの悔い改めをするべきです。イスラエルの預言者は、自分の民族の罪に対して悔い改めの祈りをささげました。もちろん、彼ら自身はその罪を犯していませんでしたが、霊的に残された者として「私たちが罪を犯しました」と悔い改めの祈りをささげたのです。

2　自分を省みる

私たち自身の中に、反ユダヤ主義の種が少しでも残っていないか、心の奥深くを正直に調べてみる必要があります。ユダヤ人が苦難を受けていた時、彼らは当然苦難を受けるべきだと考えて、ユダヤ人をあわれむ心を失っていなかったか、彼らが虐殺された時、無関心で自分とは何の関係もないと傍観してはいなかったか、自分を省みなければなりません。

3　歪曲的神学理論を取り除く

間違った神学理論は、ユダヤ人を迫害する道を開いてしまいました。その理論とは「イスラエルはイエスの十字架に対して全面的に責任を負わなければならない。イスラエルは今や、神との関係が切れ、教会はイスラエルの代わりとなる」というものです。今日も、この理論を固く信じている教会があります。間違っていたことを正直に受け入れ、すぐに神様の前に悔い改めなければなりません。イエス様を釘づけにしたのは、彼らだけではありません。ユダヤ人と異邦人が一緒に、イエス様を十字架にかけたのです。

聖地巡礼

イスラエルを、聖地巡礼のために訪問することも、個人的に有益であり、イスラエル経済の助けにもなります。しかしそれよりも、この時代に神様が働いておられる奇跡の現場を見ながらその地を踏み、現地の人と会う時、さらに具体的で実質的な体験と学びになることでしょう。また、神のしもべとして現地で働いている人たちと会って、そこに必要な物が何かを具体的に把握することができます。イスラエルの共同体であるキブツを支援し、そこで一定期間生活しながらイスラエルについて学び、働きを準備することもできます。

物質的、人的支援

私たちはイスラエルから霊的なものを譲り受けたので、イスラエルに物質的な物で返すようにと、聖書は命じています。

聖地巡礼

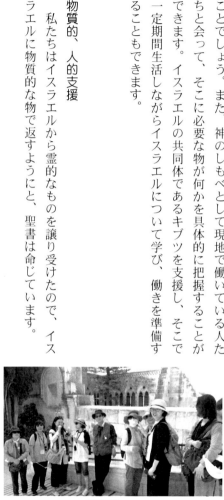

「彼らは喜んでそうすることにしたのですが、聖徒たちに対してそうする義務もあります。異邦人は彼らの霊的なものにあずかったのですから、物質的なもので彼らに奉仕すべきです。」（ロマ15・27）

次のような支援を始めることができます。

1　メシアニック・ジューを支援

現在イスラエルには、約6000名のメシアニック・ジュー（イエス様を信じるユダヤ人）がいます。彼らは、イエス様を信じているという理由で、まともな仕事にもつけず、同族からの排斥など、多くの困難を味わっています。それでも彼らは信仰を失わずに、初代教会の時と同じく、迫害の中でも教会を建て、同族を再び神の前に導くために努力しているのです。世界各地からイエス様を信じて帰ってきた者たちや、帰ってきてから信じるようになった者たち、イスラエルで生まれて伝道されて信じた者たちなど、様々です。

約100年前、ユダヤ人が世界各地から祖国へ戻って定着する際に、最初に受けた苦難と逆境を、今はメシアニック・ジューが根を下ろす過程で受けています。私たちは、彼らが生計を維持できるように助け、教会を支援することができます。

　また、イスラエル政府は、外国人クリスチャン事業家の投資を歓迎しているので、事業をしている人は、事業を通してメシアニック・ジューに仕事を提供することもできます。たとえば、建築業や観光・旅行会社のような仕事は、他のものより簡単に始めることができます。

2　出エジプト第二作戦

　この作戦は、現在国際的なクリスチャン機関で推進されています。この目的は、ロシアにいるユダヤ人の帰還を助けることです。飛行機や船を貸し切って、ユダヤ人を運びます。

　船は、一度に４５０名から５００名位ずつ乗せて、旧ソ連黒海の港町オデッサから出発し、イスラエルのハイファ港へ到着します。１９９９年も、中盤まで90回ほど運航し、同年後半の12月４日までは１００回の運航が行われる予定

メシアニック・ジュー

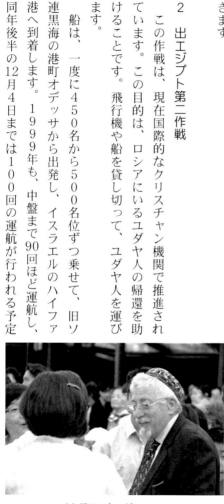

です。

一人を連れて帰るためにかかる費用は、約５００ドルです。これまで、この働きのために、イギリスのクリスチャンが40％を献金し、次にアメリカが15％、ドイツが10％、韓国も２％ほどささげていると記録されています。この作戦に加わるボランティアを求めています。食料や、機関の支援を受けながら、この作戦に参加することができます。献金を送ったり、支援する思いがある場合は、次の所に連絡してください。

出エジプト第二作戦

The Jewish Agency for Israel

1948 年、イスラエル建国に最も重要な役割を担った "The Jewish Agency" は、1929 年の創立以来、全世界ユダヤ人アリヤーを助け、イスラエルの地への定着を助ける一番大きなユダヤ人の団体です。この団体の総裁であったダビッド・ベングリオン（David Ben Gurion）は、イスラエルの初代首相となりました。

＜住所＞

The Jewish Agency for Israel king George st.48 Jerusalem Israel

Shavei Israel

The Jewish Agency for Israel の次に大きい、ユダヤ人アリヤー支援団体です。「失われ」「隠された」全世界のユダヤ人を探して、帰還できるように助けています。特に、ユダヤ人であるにもかかわらず、それを証明する方法がない人々に教育を施し、ユダヤ教に改宗させ、イスラエルに帰還できる条件を満たすように助けています。

＜住所＞

Am VeOlamo 3 Jerusalem 9546303 Israel

Email: office@shavei.org

Phone: +972-2-625-6230 Fax: +972-2-625-6233

3　シベリアユダヤ人のための働き

１９３０年代に、スターリンは、東ヨーロッパに隣接しているソ連連邦に住んでいたユダヤ人を、シベリア極東地域に強制移住させました。その結果、現在その地域には、多くのユダヤ人が住んでいます。その数は、正確に把握することができませんが、少なくとも数10万名にはなるだろうと言われています。

ハバロフスクから汽車で3時間ほど西北の方に行くと、ビロビジャンという都市があります。そこにはユダヤ人自治州があり、道はヘブライ語で表示されており、ユダヤ教会とユダヤ人自治団体と組織があります。また、ハバロフスク、ウラジオストクなどにも散らばっており、サハリンでも、ユダヤ人が自分たちの伝統と身分を維持しながら暮らしています。

ロシアにいるユダヤ人の大部分が困難を抱えて暮らしていますが、中でもシベリア地域は、最も劣悪な環境です。その上、その地域に住んでいるユダヤ人は、さらに苦しい生活を強いられているのです。彼らは、生活が苦しいだけでなく、祖国に帰る道もまた、とても遠く険しいものです。それは、地理的にヨーロッパとアメリカから遠く離れているため、物資輸送や帰還活動を助けることがとても難しいのです。既存のキリスト教団体や、公式的なイスラエル国家の宣言と帰還の働きにも、困難が多くあります。

韓国は、地理的に極東ソ連地域にとても近く、飛行機で2時間もあれば、中心地であるハバロフスクに行くことができ、船で物資を送っても、1週間から10日以内で受け取りができます。彼らには今、多くの生活用品が必要です。食料と衣服、靴、物資を運送する貨物輸送車両、帰還する人々を助けるためのバスなどを待っています。

私たちのすぐ近くに、神様が選ばれた民、イエス様の兄弟姉妹たちが、私たちの温かい助けの手を待っているのです。恵みを分け与える時が来ました。くわしい情報を知りたい方は、下記まで連絡してください。

4　宣教師の訓練と派遣

イスラエルの地に、神の息が吹くべき時が来ました。神様の息を持っている者たちが、そこに入って息を伝えなければなりません。もちろん、教会がユダヤ人宣教にだけ重きを置いて、世界宣教に無関心でいても良

韓・イ聖書研究所（KIBI KOREA）
2F Top Building, 46-15 Dangsan-Ro, Youngdeungpo-Gu, Seoul, Korea
Tel.02-792-7075-6, 010-7927-7075
E-mail/kibikorea@empas.com　www. kibikorea.com

いということでは決してありません。しかし、イスラエルが福音化することは、特別な意味があるという事実を知ったからには、イスラエル宣教に力を注ぐべきなのです。

特に今の時代は、詩篇１０２篇12節から13節で語られているように、神様がシオンに向かってあわれみを施すと定められた時であると思います。異邦人クリスチャンとして、ユダヤ民族に対して宣教のあわれみを施さなければならない時に来ているのです。イスラエル宣教は、借りを返す働きです。すべてのクリスチャンは、イスラエルに霊的な借りがあります。それは、歴史的な事実です。イスラエルがなかったなら、信仰の祖先も預言者も、使徒も聖書も、メシヤもなかったことでしょう。

彼らは、多くの犠牲と危険と殉教を通して、真理を全世界に伝えました。「救いはユダヤ人から来るからだ」とあるようにです。すべての異邦人クリスチャンは、ユダヤ民族に計り知れないほど大きな霊的借りを返すどころか、さらに借りを何倍にも増やしてきました。イスラエル宣教は、その借りを返す道なのです。

ローマ人への手紙11章を見ると、イスラエルの福音化はイスラエルだけの救いと祝福ではなく、全世界にさらなる満ちあふれた豊かさをもたらし、復活のいのちが流れあふれるようにすると言っています。全世界に福音を伝えるために、イスラエル宣教は特に重要なのです。

　また、イスラエル宣教は、主イエス・キリストの再臨を準備するものです。イエス様が最初に来られた時も、バプテスマのヨハネによって道が備えられました。今度は、天から降臨されるイエス様を受け入れ、歓迎する準備をしなければなりません。これは、イエス様をシオン山で迎える民が、まずイエス様をキリストとして受け入れることができるように宣教する働きです。

　今日のユダヤ人が一番嫌う2つの言葉があります。それは「宣教師」と「ナチス」です。職場で、また事業をする立場で彼らとイエス様の話をする時は全く問題がありません。しかし、宣教師であるとわかった途端、彼らは背を向けるでしょう。イスラエル宣教に対する戦略と知恵と訓練が必要です。また彼らは、すでに旧約聖書に精通し、新約聖書も学校で学んでいるので、彼らに伝えるメッセージも、他の国に伝える形態とは違う方法でなければなりません。研究して、知恵を求める必要があるのです。

9　韓国教会の「あがないの歴史的」位置

「あがないの歴史」とは？

あがないとは、神様がご自分の民を罪からの代価を払って解放してくださったことで、いのち自体の救いを意味します。「あがないの歴史」とは、救いを成就していく歴史的進行過程を意味します。もう少し正確に表現してみると、「あがないの歴史」とは、

（1）世界の歴史と切り離せない、創造の時からイエス様の再臨まで神様主導の歴史であり、

（2）堕落した人間を救うために、神様主導の一貫した働きとして

（3）あらゆる時代を通して、多様な方法で徐々に成就していく歴史のことです。

聖書から考えてみる時、エデンの園から始まった人類の歴史の大きな流れは、エジプト、アッシリア、バビロン、ペルシア、ギリシャ、ローマ、そして終末へと続いています。こ

れらの歴史の中心は、神であるイエス・キリストを通してのあがないの歴史です。この「あがないの歴史」は、神様がイスラエルを選ばれたことから始まり、イスラエルを救われることで終わります。ですから、イスラエルを「歴史時計」とも言うのです。

「あがないの歴史」的立場から見る時、一般の歴史は、神様の偉大な「あがないの歴史」の啓示の舞台です。歴史の中のあらゆる民族、文化、言語、思想、政治的イデオロギーなどは、究極的に「あがないの歴史」の成就の手段として存在しています。つまり、世界史のすべての出来事は、「あがないの歴史」の成就の手段として用いられているだけで、歴史の中心は「あがないの歴史」であるのです。そしてその目的、中心は、イエス・キリストなのです。

「あがないの歴史」と宣教

「あがないの歴史」の中心となるイエス・キリストは、旧約からあらゆる時代において、さまざまな形で啓示されてきました。いくつか例を挙げると、人類の堕落と共に女の子孫として、セムからノアの子孫として、アブラハムを通してその子孫を救うメッセージとして、啓示されてきました。また、出エジプトの指揮者として、燃える柴の火として、雲の柱、火の柱、紅海の救い、水を甘くしたモーセの杖、マナ、岩、芽を出したアロンの杖、青銅の蛇、逃れの町として、ご自身を啓示されました。ヨシュアを通して啓示され、士師たちを通して啓示され、列王時代、特にダビデの子孫である王として啓示されました。ローマ時代とその後期に起こったイエス運動は、バビロンからの解放者、ペルシャからの救い主、ギリシャ帝国の小さな角からの救いでした。そしてついに、ローマ帝国時代に、肉体を持ってこの地上に来られたのです。

また、イエス・キリストのあがないの働きは、教会を通して展開されていきました。この教会運動も、あらゆる時代にあらゆる形で現れました。旧約の教会運動は、エデンの園では犠牲のいけにえとして、族長時代は祭壇として、モーセ時代以降は聖所として、王朝時代は神殿として、ローマ以後の時代は会堂として、新約時代はイエス様が直接来られて宇宙的教会を建てられることによって現れました。この働きは、イエス様の再臨の時に完成されることでしょう。

宣教は、イエス・キリストの十字架と復活の福音を伝え、すべての人が悔い改めてキリストを信じて霊肉の救いを得、神様の子どもや弟子となり、キリストの祝福の教会につながり、神様の栄光を受けて、教会建設と福音運動に参加することによって、神様のみこころが成し遂げられる働きです。よって、教会の運動は宣教の運動であり、「あがないの歴史」の展開は、宣教の働きによって成就していくのです。

宣教運動の流れ

この宣教はエデンの園から始まり、旧約時代には主にイスラエルにとどまっていました。イエス様の誕生と働きによって宣教の働きはエルサレムから全世界へと広がっていきましたが、韓国までたどり着いた過程を「あがないの歴史」の流れから見ていくと、次のようになります。

1　エルサレムからアンティオキアへ

イエス・キリストの誕生と働き、そして聖霊降臨によってエルサレム教会が生まれ、福音伝道の働きはエルサレムから始まりました。聖霊に満たされたエルサレム教会は、福音の熱気にあふれていました。この時、ステパノの殉教をきっかけに、教会が迫害と患難を受け、弟子たちが散らされて福音が拡散されるようになりました。これによって、福音がユダヤとサマアンティオキアリア及び、ついにアンティオキアにまで届いて、アンティオキア教会が誕生し、そこから異邦人宣教が始まったのです。

2　アンティオキアからローマへ

最初の異邦人教会であるアンティオキア教会は、世界福音伝道の働きのためにパウロ一行を宣教師として派遣しました。パウロ伝道団は、第1次、第2次、第3次伝道旅行を通して、福音をヨーロッパに広めました。第2次伝道旅行中に、マケドニアに向かって行ったのは、宣教の流れの方向を、小アジアからヨーロッパに変えていく決定的な契機となりました。これによって福音は、ヨーロッパ地中海沿岸の中心都市であるローマへ入っていったのです。

ローマ世界に入ったキリスト教の福音は、ローマの便利な道路網と、当時使われていたギリシャ語を通して、アフリカ北部とヨーロッパ南部と小アジアを含む地中海沿岸に拡散し始めました。AD1世紀には、アンティオキアからローマに至る地域はもちろん、ローマ周辺とスペイン地域にまで広がりました。AD2世紀には、ローマ西部と北部地方やドイツにまで広がり、アフリカ北部に多くの教会が建ちました。３世紀には、ローマ帝国の国境を越えて、スペイン、イギリス、アイルランド、エチオピア、インド、さらには中国にまで広がりました。そして、ついにＡＤ３１３年、コンスタンティヌス一世がミラノ勅令を発布したことにより、キリスト教はローマの国教となったのです。以後、ローマで教会が成長している間、福音はヨーロッパ全域に広がっていったのでした。

３　ローマからイギリスへ

６世紀から7世紀には、アイルランドがヨーロッパ各地域への宣教に用いられました。修道院学校を設立し、宣教師を訓練して派遣し、ヨーロッパ各地に修道院を建てるなど、ヨーロッパ教会にリバイバルをもたらしました。またイギリスが、アイルランドの宣教精神を受け継いで、２世紀の間、宣教師をヨーロッパ各地へ派遣し、ヨーロッパ福音化に寄与しました。

ヨーロッパ教会が、ヨーロッパの領域を超えて全世界に向かって宣教するようになったのは、16世紀ごろ、海外への領土拡大と植民地運動と連動して、教会拡張の働きが進んだことによります。ヨーロッパでの宣教主力部隊は、イギリスでした。イギリスでは、17世紀にニューイングランド福音宣言会などが組織され、宣教の働きが芽を出し始めた後、ジョン・ウェスレーの信仰覚醒運動を通して宣教が始まりました。また、ウィリアム・ケアリによって本格的な近代宣教の道が開かれ、当時、イギリスの強い植民地政策と蒸気機関の発達による海洋交通手段の発達は、世界宣教の主役として、19世紀近代宣教に大きく用いられたのでした。

4　イギリスからアメリカへ

北アメリカに、最初に福音が伝えられたのは、16世紀後半、ヨーロッパの植民地運動に便乗したものでした。フランス、オランダ、スウェーデンなど、ヨーロッパ各国がアメリカ州を植民地としましたが、17世紀末になると、大部分がイギリスの植民地となり、イギリス教会の影響を受けるようになりました。１６２０年、メイフラワー号に乗って、90名あまりの清教徒がアメリカに移住し、彼らは自分たちの信仰を、原住民に根づかせ始めました。

アメリカの教会は、16世紀から17世紀に、イギリスから移住したクリスチャンと、彼らが伝道した少数の原住民で形成されて成長し、18世紀には、信仰覚醒運動を経験しました。１７７６年から１７８３年の間のアメリカ独立戦争後、一時沈滞期がありましたが、１７８０年後半から19世紀初期まで、再びリバイバル運動が続きました。１８９０年には、アメリカの総人口の90％以上がクリスチャンになりました。アメリカの教会は、強くなっていく国力を土台とし、新しい宣教時代の主役となりました。20世紀初期には、世界宣教師の三分の一がアメリカの宣教師であり、20世紀後半には三分の二を占めるなど、今に至るまで継続して世界宣教運動の主役として大きな役割を担っています。

5　アメリカから韓国へ

19世紀のアメリカでのリバイバル運動の影響によって、19世紀末に、韓国にも福音が伝えられました。宣教師は主にアメリカ人でした。この時韓国は、鎖国政策中で、宗教的にはムーダン（巫女）信仰、仏教、儒教など、古い伝統に埋もれていた時期でした。１８８４年９月、仁川《インチョン》沖に入港したアメリカ人のメソジスト宣教師である、ジョン・カスチャーを先頭に、スクラントンとアペンゼラー、長老教団からはアンダーウッド、ジョン・ヘロン、アレンなどが、アメリカから韓国に派遣された最初の宣教師でした。当時、隠遁《いんとん》の国と呼ばれていた韓国の地に、福音の光を照らしてくれた彼らの活動によって、韓国は福音の国へと発展してきたのです。

韓国教会と世界宣教

エルサレムから始まった十字架の福音が、「あがないの歴史」の波によって、過去1900年を経て、アンティオキア、ローマ、イギリス、アメリカ、そして1884年についに韓国にまで運ばれました。今、韓国は、宣教2世紀を迎えて、教会の数は500万、信徒の数は1200万に至っています。今まで海外に派遣した宣教師の数は、数千名を超えます。海外宣教の必要性が今までになく強調されており、どの教会も宣教に関心を持っています。1986年と1988年のアジア及び国際オリンピックを通して、全世界に衛星とテレビで韓国の姿が紹介され、5000年の歴史上で最も広く知られている状況です。

旧ソ連、中国、モンゴルが徐々に門戸を開いてきており、1991年1月、多国籍軍とイラクの戦争によって、アラブとイスラム教圏に、アメリカをはじめとした西洋文化が流れ込み、北朝鮮も近いうちに門を開くだろうという展望です。一言でいうと、この時代は、歴史的に宣教の門が最も大きく開かれている時代と言えます。韓国は、貿易によって、東南アジア、中国、アラブ圏、ヨーロッパ、アフリカ、オーストラリア、アメリカなどとの交易が活発になりました。また、航空交通の発達と就航地域の拡大によって、地球のどの地域でもわずか一日から二日で行くことができるようになりました。韓国の地理的条件は、「あがないの歴史」の波が流れていく残りの地域に対して、戦略的に重要な地であると言えるでしょう。

言語的な面においても、韓国人は、中国語、日本語、モンゴル語を楽に習得することができ、中学から英語を学ぶため、英語圏の文化にも順応することができます。ソ連と中国に多くの朝鮮族がいるので、橋渡しの役割を担うことができ、在米韓国人二世とその子孫は、アメリカの市民権を持って英語を自由に使いながら、世界中どこへでも行き、福音を伝える準備もできています。

教会的には、若い層で多くの宣教献身者が起こっており、神学校と宣教機関を通して訓練を受けています。また、国内外の霊的指導者たちが口をそろえて言うことは、終わりの時代、世界宣教に召されている国は韓国であるということです。これは、韓国教会に対する驚くほどの祝福の言葉です。

今、21世紀を見つめながら、韓国教会は世界を抱き、「あがないの歴史」の終わりであり、宣教の働きの終着地であるイスラエル宣教のために、大きな役割を担うように召されました。これが「あがないの歴史」の流れの中に立っている、韓国教会の現在地なのです。

10　イスラエルの神を賛美する

今日のイスラエルを回復させてくださる神様を賛美します。

これまでの約２０００年間、国がなく、各地に散らされていたイスラエルでした。

盲人が暗やみで手さぐりするように、真昼に手さぐりをし、

繁栄することがなく、いつまでも虐げられ、略奪されるだけで、

彼らを救う者はいませんでした。

しかし神は、選ばれた民を覚えておられました。

母親が子どもを忘れることがあっても、神はイスラエルを手の平に刻まれました。

アブラハム、イサク、ヤコブとの約束を守り、

預言者イザヤ、エレミヤ、エゼキエル、ゼカリヤに語られたことを成就されました。

真実な神を賛美します。
契約を守られる神を賛美します。
イスラエルの民を東から導き、西から集められました。
北に向かって「引き渡せ」と言い、南に向かって「引き止めるな」と言われ、
わたしの子らを遠くから来させ、わたしの娘らを地の果てから来させせよ、と言われました。

再び、エルサレムの広場には、老いた男、老いた女が座り、
町の広場は、広場で遊ぶ男の子や女の子でいっぱいになり、
彼らの口は、神がアブラハムに語られたヘブル語を語り、
ユダヤ教会が建ち、ラビが教え、安息日と過ぎ越しの祭りを守っています。
イエス様がユダの地におられた時の、その姿を描くことができるようになったのです。

パロの手からイスラエルを助け出され、
紅海をせき止めて、その地を渡らせ、

荒野での40年間、天からマナを降らせ、
岩から水を出して飲ませてくださいました。
エリコの城壁を倒し、７つの部族を追い出し、カナンの地に入らせてくださいました。

エジプトからイスラエルを助け出された神様！
過ぎ越しの神様は、偉大な神様です。
これらの大きな出来事を記録して保存し、今の時代に読ませ、
信仰によって悟らせてくださる神様に、感謝と賛美をささげます。

２５００年ほど前に書かれた預言のみことばが、
今、私たちの目の前で成就する奇跡を見ながら、
神様の前に畏れおののきます。
北の国や、彼らの散らされたすべての地方から上らせたこの出来事は、
過ぎ越しの出来事よりも大きなものだと言われました。

私たちがこの大きな出来事を、すべて理解することができるでしょうか？
２つの出来事を比べながら、もう少し理解しようと努力してみましょう。

最初の出エジプトは、エジプトの荒れた地、一つの国から４００年ぶりに戻ってきたものであり、
終わりの時の出エジプトは、世界各地に散らされて暮らしていたイスラエルの民が、１８００年ぶりに戻ってきた出来事です。

東の国は、シリア、イラク、イラン、ヨルダン、サウジアラビア、イエメン、インド、中国、中央アジア、遠くではサハリンから、
西からは、フランス、ドイツ、ポーランド、ハンガリーなど、ヨーロッパから、
南からは、エジプト、リビア、エチオピア、アルジェリア、南アフリカ共和国、モロッコなどから、
北からは、旧ソ連と幾つかの連邦国家から帰ってきました。
イザヤ書の預言の通り、東西南北から導かれたのです。

出エジプトの時は、指導者モーセを立たせましたが、
今は、指導者がいなくても戻ってきています。
昔は海路と陸を渡ってきて、
今は、空路も使って帰ってきています。

パロの武装は、刀と槍と馬に乗った兵士でしたが、
今日は、銃とガスとミサイル、核兵器で武装している国家が分裂、崩壊し、
捕らえられていた民が戻ってきました。
戻ってくる人数も、その時と今では桁違いです。
さらに、戻るべき人たちが、１０００万名残っています。

祖先が使っていたヘブル語を回復し、土地を回復し、
異邦人に踏みつけられたエルサレムが回復しました。

今日のイスラエルの回復は、私たちの言葉では言い表すことができません。

私たちは感激し、ただ神様を畏れかしこみます。
神様のみことばは、一点一画も変わらないことを賛美します。
昨日も今日も永遠に変わらない神様を賛美します。

イスラエルの残された者を集められ、
その中でイエス様をメシヤと受け入れる、メシアニック・ジューを至るところで起こし、
ユダヤの地に戻って教会を建て、
「祝福あれ。主の御名によって来られる方に」と叫ぶ者たちを増やされる神様を賛美します。

先の雨と後の雨を降らすと約束された神様！
屋上の間に集まり、祈っていた使徒たちに先の雨を注がれ、
今、ユダの地と全世界に後の雨を注がれました。
エゼキエルの谷の枯れた骨が生き返り、
各地の死んだ魂が生き返って、
神に立ち返る者が数えきれないほどに、異邦人教会はリバイバルしました。

歴史を治められる神様！
賛美と栄光をお受けください。

預言者ゼカリヤに語られました。
「――万軍の主はこう言われる。――もし、これがその日に、この民の残りの者の目には不思議に見えても、わたしの目には、不思議に見えるだろうか。――万軍の主のことば。」

私たちの目には、実に不思議に見えます。
人間の歴史の中で、これより大きな奇跡が、
人間の歴史の中で、これより驚くべきことがあるでしょうか？
私たちの目には、不思議で仕方ありません。
しかし神様は、すでに計画されており、
神様のしもべを通して語られました。
神様が語られたので、その通りに実現したのです。

神様が行われた偉大なことを、声高く賛美します。

イスラエルの神を賛美します。

イスラエルをまず先に選ばれ、
イスラエルを通して語られ、
イスラエルに契約と律法を与えられ、
イスラエルを通して神を敬拝する方法を教え、
イスラエルを通して、約束を下さいました。
イスラエルから、イエス・キリストが生まれました。

ハレルヤ！
イスラエルの神様を賛美します。

イスラエルがつまずいたことにより、救いが異邦人に及び、イスラエルの失敗が、異邦人の豊かさとなりました。
栽培されたオリーブの木の枝が折られ、
そこに、野生種のオリーブの木である私たちがつがれ、
栽培されたオリーブの木の養分を共に受ける者となりました。

イスラエルを通して下さったみことば、契約、敬拝、約束、
そして、救い主キリストを、共に受ける者としてくださった、
神様の計画と摂理を賛美します。

しかし、異邦人である私たちはこの２０００年の間、イスラエルを冷遇し、
折られた栽培されたオリーブの木に対して、自らを誇っていました。
イスラエルは、神の前に捨てられ滅びたのだと教え、
異邦人教会は霊的イスラエルだと教え、
「すべてののろいはイスラエルに、すべての祝福は異邦人教会に」と教えました。

メシヤを十字架につけた民として、ユダヤ人を断罪し、
イエス・キリストと十字架を強要し、
受け入れなければ、あらゆる迫害をして彼らを抑圧しました。
19世紀には、600万人も虐殺する結果を招きました。

私たちの手は、イスラエルの血で染まっています。
尊い御名イエスは、彼らの心から遠く離れたところにあり、
十字架と宣教師という単語は、恐怖と種族抹殺の象徴となってしまいました。
イスラエルの心はかたくなになり、福音が入り込むすきがなくなってしまったのです。

父なる神様!
私たちが犯した今までの多くの罪を赦してください!
ユダヤ人を迫害すればするほど、神様に従っているという間違った考えによって
犯してきた罪の数々を赦してください。
彼らを受け入れ、彼らの心を変える道を開いてください!

10　イスラエルの神を賛美する

イスラエルの残った者たちを慰め、涙を拭きとってください！
私たちの過ちを悔い改めます。お赦しください！

イスラエルが追い出され、各地に散らされましたが、
行く先々で安息日を守り、過ぎ越しの祭りを守り、
あらゆる迫害の中でもユダヤ人の身分を忘れませんでした。
この驚くべき奇跡をなされた神様を賛美します。

彼らはかたくなであったため、神様の前から追い払われましたが、
彼らを完全に見捨てられないことを、
全世界に知らされました。

異邦人の救いが、決められた数に達したら、
全イスラエルが救われると書かれており、
今、彼らの中で、神に立ち返る人々が日々増えています。

この、神の驚くべき摂理を誰が知ることができたでしょうか？

この驚くべき奥義を見聞きし、悟るようにさせてくださる神様を賛美します。
今の時代にそれを成し遂げ、神のしもべに教えてくださり、
働きに加わる道を開いてくださいました。
感謝と賛美を受け取ってください！

今、福音が地の果てにまで広がってきています。
エルサレムに福音が再び宣言されています。
「祝福あれ。主の御名によって来られる方に」と叫ぶ者たちの声が、
だんだん大きくなってきています。

父なる神様！
イスラエルと異邦人教会の間の壁を十字架で壊し、
この二つが、イエス様にあって和解し、

新しいひとりの人として生まれるようにしてください！
イエス様は、教会の頭であり、教会の新郎です。
ひとりになった花嫁を迎えて、栄光をお受けください。

神様の知恵と知識は豊かで深いものです。
神様の判断は、人が測れるものでなく、
神様の道は、人が見つけられるものではありません。
神様の心を、推し量ることはできないのです。

万物が神様から生まれ、
万物が神様の力によって存在し、
万物が神様の栄光のためにあります。

父なる神様、御子なるイエス様、聖霊様！
大きなことをなされる偉大な神様！

イスラエルを回復し、異邦人にリバイバルを与えられる神様！
イスラエルの神様！　私たちすべての神様！
栄光と賛美と敬拝を、世々限りなくお受けください！

11　今はエルサレムの時代

「人々は剣の刃に倒れ、捕虜となって、あらゆる国の人々のところに連れて行かれ、異邦人の時が満ちるまで、エルサレムは異邦人に踏み荒らされます。」
（ルカ21・24）

今は、エルサレムの時代であることは確かです。このみことばによると、エルサレムが、異邦人の時の終わるまで踏み荒らされると言われています。言い換えると、エルサレムが異邦人の抑圧から逃れ、ユダヤ人の統治下になるならば、異邦人の時代が終わったということです。同時に、これからはエルサレムの時代が展開されるというみことばです。エルサレムは今、イスラエルの首都です。

ルカの福音書のこのみことばは、イエス様が語られた言葉です。エルサレムは、イエス様がこの預言をされてから約40年が過ぎたＡＤ70年に、ローマ軍に占領されました。そこに住んでいたユダヤ人は剣に倒れ、捕虜や奴隷として連れて行かれ、各地に散らされてしまいました。

その後、約１９００年の間、エルサレムは、ビザンティン帝国、ペルシア、十字軍、トルコ、イギリス、そしてヨルダンに至るまで、少なくとも10カ国以上の異邦人の国に踏み荒らされてきました。そして、１９６７年6月に起きた「六日戦争」で、イスラエルの統治下に再び戻ったのです。これは、１９６７年を起点として異邦人の時が終わり、「エルサレムの時代」が展開されていったことを意味しています。

エルサレムはなぜ唯一なのか

エルサレムは、今から約３０００年前、ダビデ王が建てた都市です。ダビデ王の40年の統治のうち、33年間、ここでイスラエルを治めました。その時期を、イスラエルの黄金時代と言います。今のイスラエルの国旗にある星は、ダビデの星だと言われています。この都市は、ダビデ王と歴代のユダヤ王たちの活動した舞台であっただけでなく、預言者アモスとホセアを除いたすべての預言者たちの活動した舞台でもありました。
エルサレムはイスラエルの首都であり、ユダ王国の首都でした。都市の名称が変わらない、最も古い都市の一つです。エルサレムは「平和の都市」という意味ですが、戦争が最も多かった都市です。この都市は、ダビデが建てたものですが、実際にこの都市を建てた方は、主なる神様だと聖書は語っています。ですから、エルサレムは、この世の都市でありながら神の都市であると言うことができます。エルサレムはイスラエルの首都であると同時に、神の国の首都なのです。

「わたしの名を置くために選んだ都エルサレム」（Ⅰ列11・36）

「エルサレムにわたしの名を置く」（Ⅱ列21・4）

「わたしは、この宮に、そしてわたしがイスラエルの全部族の中から選んだエルサレムに、わたしの名をとこしえに置く。」（Ⅱ列21・7、Ⅱ歴6・6、33・7）

「――主はこう言われる――わたしはシオンに帰り、エルサレムのただ中に住む。エルサレムは、真実の都と呼ばれ、万軍の主の山は、聖なる山と呼ばれる。」

（ゼカ8・3）

「万軍の主はこう言われる。『見よ。わたしは、わたしの民を日の出る地と日の沈む地から救い、彼らを連れ帰り、エルサレムのただ中に住まわせる。このとき、彼らはわたしの民となり、わたしは真実と義をもって彼らの神となる。』」

（ゼカ8・7～8）

「多くの国の民、強い国々が、エルサレムで万軍の主を尋ね求め、主の御顔を求めるために来る。」（ゼカ八・二二）

「エルサレム、エルサレム。……わたしは何度、めんどりがひなを翼の下に集めるように、おまえの子らを集めようとしたことか。」（マタ23・37、ルカ13・34）

イエス様が、過ぎ越しの祭りなど、季節の祭りのたびに上られた場所、
過ぎ越しの祭りの時に、子羊として十字架にかかり、死なれた場所、
３日の後に復活され、天に昇られた場所、
栄光の王、裁きの王として、再び来られる場所、
そこがエルサレムです。

福音が始まり、すべての民族に宣べ伝えられるようになる場所、
イエス様が使徒たちに、父の約束を待つように言われ、聖霊を水のように注がれた場所、
終わりの日に多くの国々が攻めてくるが、その時、主なる神様がその国々を滅ぼされると言われる場所（ゼカ12・９）、
神様が雲に乗って再び来られる時、東に面するオリーブ山の上に立つと言われた場所（ゼカ14・４）、
それがエルサレムです。

ユダヤ人は、大きな祭りがあるたびに、エルサレムに上ります。選ばれた民族として神

の前に出て礼拝し、お祝いをします。

ダニエルは、バビロン捕囚の時、自分の部屋でエルサレムに向かって窓を開け、その方向に一日3回ひざまずいて祈ったと記録されています（ダニ6・10）。

「シオンで主がほめたたえられるように。エルサレムに住まわれる方が。ハレルヤ。」

（詩135・21）

「エルサレムよ　もしも　私があなたを忘れてしまうならこの右手もその巧みさを忘れるがよい。もしも私があなたを思い出さずエルサレムを至上の喜びとしないなら私の舌は上あごについてしまえばよい。」（詩137・5〜6）

このみことばは、イスラエルを愛する切なる表現です。ユダヤ人は、過去2000年間、全世界に散らされて暮らしてきましたが、エルサレムを思いながら生活していました。過ぎ越しの祭りの最後には必ず「来年はエルサレムで」と毎年繰り返していました。彼らは自分たちの子孫に、どこで過ぎ越しの祭りを守ろうと、エルサレムを忘れないようにと教えました。エルサレムをとても愛していたからです。

　イエス様は王であられます。ユダヤ人の王であり、神の国の王であり、万軍の王の王です。イエス様は、世界にある数多くの都市の中で、ただエルサレムを選ばれました。王が住む都として、また、王が御座を置くために、その都市を選ばれました。そして、選ばれた民がその都市を慕い愛するように教えられ、祝福し、成長させました。また、王として栄光を受けられ、民を治めようとしました。しかし、民がそこへ偶像を建てて拝む時には怒られ、嫉妬されました（ゼカ8・2）。

　しかし、彼らがあれほど待ちわびていたメシヤがこの地上に来られた時、彼らはイエス様がそのメシヤであることを理解せず、排斥しました。その結果、彼らは罰を受け、全世界に散らされ、エルサレムは荒廃した町となってしまったのです。

　ところが驚いたことに、２０００年が過ぎた今、その町にはユダヤ人が再び戻り、イエス様がおられた時代の姿を見ることができるようになりました。ゼカリヤ8章1節から8節に記録されたみことばが、成就したのです。

　「万軍の主はこう言われる。『見よ。わたしは、わたしの民を日の出る地と日の沈む地から救い、彼らを連れ帰り、エルサレムのただ中に住まわせる。このとき、彼らはわたしの民となり、わたしは真実と義をもって彼らの神となる。』」

（ゼカ8・7～8）

王が再び来られる準備をしておられます。エルサレムは、この世の都市でありながら、同時に神様が建てられた神の都です。イスラエルの首都であり、神の国の首都です。ですからエルサレムは、この世で唯一の都市なのです。

エルサレム時代とは

神様が、エルサレム時代を開き始められたのは、王の御座をそこに置き、再び来られて治められるためです。では、この時代にはどんなことがなされるべきなのでしょうか。

一つ目、エルサレム時代を見て、神様に感謝と賛美をささげることです。

「シオンで主がほめたたえられるように。エルサレムに住まわれる方が。ハレルヤ。」

（詩135・21）

主はこう仰せられる。「あなたがたが、『人間も家畜もいなくて廃墟となった』と言っているこの所、人間も住民も家畜もいなくて荒れすたれたユダの町々とエルサレムのちまたで、楽しみの声と喜びの声、花婿の声と花嫁の声、『万軍の主に感謝せよ。主はいつくしみ深く、その恵みはとこしえまで』と言って、主の宮に感謝のいけにえを携えて来る人たちの声が再び聞こえる。それは、わたしがこの国の繁栄を元どおりにし、初めのようにするからだ」と主は仰せられる（エレ33・10〜11）

今日、このようなことがエルサレムで起こっており、私たちがそれを見ることができるというのは、どれほどすばらしい時代でしょうか。新しいことをなされる神様を喜び、賛美しなければなりません。

二つ目、エルサレムをまったくきよいものに変える時代です。ですから、偶像に仕えていたあらゆる汚れたものをきれいに洗い、その地と民が、来たるべき王を迎えることができるように助けるべきです。この地を汚すすべての宗教の偶像、人本主義の偶像、物質欲の偶像、世俗的快楽の偶像が崩壊されなければなりません。

「わたしはあなたがたを諸国の間から導き出し、すべての国々から集め、あなたがたの地に連れて行く。わたしがきよい水をあなたがたの上に振りかけるそのとき、すべての偶像の汚れからあなたがたをきよめ、あなたがたに新しい心を与え、あなたがたのうちに新しい霊を与える。」（エゼ36・24～26）

三つ目、散らされた民が、エルサレムに戻ってくる時代です。すでに帰ってきていますが、さらに戻るべき民がまだ世界中にたくさんいます。彼らが戻って来られるように助けるべきです。神様は、異邦人教会に向かって命じておられます。

「神である主はこう言われる。『見よ。わたしは国々に向かって手を上げ、わたしの旗を諸国の民に向かって揚げる。彼らは、あなたの息子たちを懐に抱いて来る。あなたの娘たちは肩に担がれて来る。」（イザ49・22）

四つ目、イスラエルを祝福し、慰める時です。イスラエルは、四方を敵で囲まれています。また、エルサレムを分割して占領しようと昼夜四方から攻撃してきます。イスラエルをその地から一掃するまでは、平和交渉など何の意味もないと公言しています。霊的に、肉的に、とても疲労した状況に置かれています。戻ってくる民を慰め、愛し、祝福しましょう。祈りだけでなく、財政的にも祝福の手を差し延べましょう。

「エルサレムの平和のために祈れ。「あなたを愛する人々が安らかであるように。」（詩122・6）

「主がシオンからあなたを祝福されるように。あなたはいのちの日の限りエルサレムへのいつくしみを見よ。」（詩128・5）

五つ目、昼夜、求め続けなければならない時代です。

「シオンのために、わたしは黙っていない。エルサレムのために沈黙はしない。その義が明るく光を放ち、その救いが、たいまつのように燃えるまでは。」
（イザ62・1）

「エルサレムよ、わたしはあなたの城壁の上に見張り番を置いた。終日終夜、彼らは、一時も黙っていてはならない。思い起こしていただこうと主に求める者たちよ、休んではならない。主を休ませてはならない。主がエルサレムを堅く立て、この地の誉れとするまで。」（イザ62・6〜7）

王が再びエルサレムに来られる日が来るまで、もうその日が近くに来ているので、多くの霊的、現実的戦争をくぐり抜けるために、昼夜を問わず、叫び求めなければならない時代になりました。一日24時間、一週間毎日続け、一年３６５日、休まずにその日が来るまで、全世界で祈るべき時代なのです。エルサレム時代を宣言して知らせ、祈りの運動を拡散させていくことを願います。

「エルサレムに帰ろう」（Back to Jerusalem!）

「エルサレムに帰ろう！」この時代に、このようなスローガンが、私たちの周りで力を持ち始めたことは､偶然ではありません。これまでの２０００年間､エルサレムから始まり、地の果てに向かって四方に出ていった時代から、今は逆に、すべての働きの焦点をエルサレムに戻すべきだという事実を知ったからです。自分の仕える場所が国内であっても海外であっても、今は常にエルサレムに向かって祈り、見守る時代になったのです。"Back to Jerusalem"運動は、正しい運動です。今の時代の運動です。私たち皆が参加すべき運動です。

"Back to Jerusalem"は、大きく二つに分けて考えることができます。

一つは、ユダヤ人に向けて、もう一つは異邦人に向けてです。まず、ユダヤ人にとってこの運動は、散らされて暮らしていたユダヤ人が、祖国へ帰る運動です。"Back to Jerusalem"そのものです。これは、全世界で起こっています。少しずつ、そして静かに起こっていますが、強さを持って行われています。

次に、異邦人教会がこの運動に参加することは、ユダヤ人帰還の働きを助けることになります。まだ帰ることができずにいるユダヤ人たちがいます。彼らがどこに住んでいても、エルサレムに帰ることができるよう助けることが、この運動です。また、息となってエルサレムに入り、帰ってくるユダヤ人を救いに導く働きにかかわり、メシアニック・ジューと異邦人が力を合わせて福音を地の果てまで宣べ伝えることが、"Back to Jerusalem"運動です。そうすることで、神様がエルサレムに再び来られるからです。

"Back to Jerusalem"を叫ぶ時、誤解されやすい部分もあります。ある人たちはこのように言います。「イスラエルは宣教の花だ。福音が地の果てまで及び、最後はイスラエルに戻ってくる。あらゆる宣教の焦点はエルサレムだ。結局、エルサレムは福音化されるのだ」

これは、もっともらしい意見です。しかし、ローマ人への手紙11章12節では、これと反対のことを語っています。

「彼らの背きが世界の富となり、彼らの失敗が異邦人の富となるのなら、彼らがみな救われることは、どんなにすばらしいものをもたらすことでしょう。」

（ロマ11・12）

イスラエルが違反し、失敗した時も、異邦人が神様の前で富を享受したのなら、イスラエルが完成したら、異邦人には以前よりもすばらしい富を下さらないだろうかという意味です。エルサレム時代に、エルサレムが完成したら、異邦人は過去のどの時代よりも、すばらしいリバイバルと富が与えられるという預言のみことばです。

エルサレムの時代が来たということは、異邦人に福音が宣べ伝えられる時が終わったということではありません。かえって、より多くのリバイバルを預言しているのです。福音が地の果てにまで伝えられ、終わりの日にエルサレムに戻ってくると主張するよりは、この時代におけるイスラエルの福音化が、全世界の福音化を成し遂げる近道であると考える方が、より聖書的であると言えます。

エルサレムは平和の都市

平和の都市エルサレムは、平和の王イエス様が再び来られて王として治められる時、ついに平和の都市となることでしょう。終わりの日に、主の家の山は、山々の頂に堅く立ち、丘々よりもそびえ立ち、国々の民はそこに流れて来るでしょう。多くの異邦人が来て「神の家に上って賛美をささげよう」と言うようになるでしょう。

「多くの国々が来て言う。「『さあ、主の山、ヤコブの神の家に上ろう。主はご自分の道を私たちに教えてくださる。私たちはその道筋を進もう。』それは、シオンからみおしえが、エルサレムから主のことばが出るからだ。」（ミカ４・２）

アーメン！　神様が再び来られてエルサレムで統治され、全世界が平和を得る日を、私たち皆が希望の中で待ち望みましょう。その日が近づいてきています。

「私はまた、聖なる都、新しいエルサレムが、夫のために飾られた花嫁のように整えられて、神のみもとから、天から降って来るのを見た。」（黙21・２）

12　主よ。今こそ

「イエスは苦しみを受けた後、数多くの確かな証拠をもって、ご自分が生きていることを使徒たちに示された。四十日にわたって彼らに現れ、神の国のことを語られた。……そこで使徒たちは、一緒に集まったとき、イエスに尋ねた。『主よ。イスラエルのために国を再興してくださるのは、この時なのですか。』」（使1・3、6）

イエス様は、復活された後、昇天されるまでの40日間、神の国について教えられました。昇天される前、弟子たちとイエス様が一緒に集まった時、弟子たちがとても重要な質問をしました。「主よ。イスラエルのために国を再興してくださるのは、この時なのですか」

イエス様は、この地上に来られて神の国が近づいたと宣言され、神の国を説き、その福音を宣べ伝えられました（ルカ8・1）。また、ただ神の国を求め、神の国が地に臨むよう、父なる神に求めるように弟子たちを教えられました。そして、メシヤが受けるべき苦難を受けられ、3日の後に復活されたのです。

弟子たちは、イエス様が神の子であると知っていました。神の国を回復し、ダビデの子孫として王となり、地を治められることをはっきりと知っていました。弟子たちは、イエス様と共に3年半の間生活しながら、学び、悟ったのです。後は、時間の問題でした。すべてのことが成就し、今こそイスラエルの国を回復する時であると考えました。イエス様が天に昇られ、父なる神に会い、再び来られる時が、もうすぐ近くに迫っていると思ったので、こう質問したのでしょう。「主よ。今こそ、イスラエルの国を回復する時が来たのではないでしょうか」

しかし、イエス様の答えは、弟子たちの予想とは違うものでした。「いつとか、どんな時とかいうことは、あなたがたの知るところではありません。それは、父がご自分の権威をもって定めておられることです。しかし、聖霊があなたがたの上に臨むとき、あなたがたは力を受けます。そして、エルサレム、ユダヤとサマリアの全土、さらに地の果てまで、わたしの証人となります」と言われました。ここには、御国の福音が全世界に宣べ伝えられ、すべての国民に証しされ、終わりの日が来て（マタ24・14）、神の国がイスラエルで回復するという意味が込められていました。

弟子たちは、初めはよく理解できませんでしたが、何日か後に聖霊を受けて神の国の福音が拡散していく間、このことをより深く理解するようになったのです。イエス様が王であることも、イスラエルの国が回復することも知っていましたが、神の国に入らなければならない民は、地の果てまで広がっており、彼らに福音を伝えてイスラエルに戻るようにしなければならないということを悟ったのです。そこで彼らは、神の命令に従って、神の国の福音を携えて、エルサレムから始まり、ユダヤとサマリヤの全土、異邦人が住んでいる地の果てにまで出ていったのです。

イエス様が昇天される前の40日間、教えられていた時も、神の国について語り、弟子たちと使徒パウロの働きもまた、神の国を宣べ伝え、証しするものでした。また、この働きのために、迫害や患難に耐える者たちは、神の国にふさわしい者だと教えられました。すべての焦点は、「神の国」でした。彼らがいのちをかけて前進した目標は、神の国の回復であり、イエス様が栄光の王として再び来られるということでした。これはまた、初代教会、使徒たちの教会のビジョンであり、今日の私たち異邦人教会のビジョンも「再び来られる栄光の王、イエス・キリスト」、そして「神の国の回復」であるべきです。

神の国

聖書は、「神の国」について、旧約と新約のあらゆるところで言及しています。聖書全体が、神の国について説明していると言っても過言ではありません。最初に神様が天地を創造された目的も、神の国を建てることでした。創世記1章を見ると、神様は、天地を6日間で創造されました。天と地と、そこにあるすべてのものを造られ、最後の日に人を神の形に似せて造られました。そして、神様は「生めよ。ふえよ。地を満たせ。地を従えよ。海の魚、空の鳥、地をはうすべての生き物を支配せよ」と祝福されました。

私たちが、エデンの園から追い出されず、そのままそこで暮らしていたら、今ごろは全世界に神の愛が満ちていることでしょう。神の御姿に似たままで生きており、神様と共に歩みながら、海の魚、空の鳥、地をはうすべての生き物を支配しつつ暮らしていたことでしょう。そして、神の命令を守り、創造主なる神様に礼拝と賛美をささげる民で満ちあふれ、万物は創造の秩序に従って繁栄していたことでしょう。創造主なるイエス様は、その民の王となり、民を愛して統べ治める、美しい神の国が形成されていたことでしょう。

人間が堕落してエデンの園から追い出されても、神様は、創造前に立てられた神の国に対する計画を変えられず、歴史の中で成就されると聖書は啓示しています。

「この王たちの時代に、天の神は一つの国を起こされます。その国は永遠に滅ぼされることがなく、その国はほかの民に渡されず、反対にこれらの国々をことごとく打ち砕いて、滅ぼし尽くします。しかし、この国は永遠に続きます。」

（ダニ２・44）

一つの民族を選ばれ、その民を通して将来王が生まれ、子どもたちを東西南北から集め、大きな王国を作られると旧約は啓示しており、新約では、これが成就されています。この地上でユダヤ民族を選ばれ、その子孫としてイエス・キリストが王として来られて、このみことばを成就されました。これは、初めに隠されていた神の奥義です。

「その名をイエスとつけなさい。その子は大いなる者となり、いと高き方の子と呼ばれます。また神である主は、彼にその父ダビデの王位をお与えになります。彼はとこしえにヤコブの家を治め、その支配に終わりはありません。』

（ルカ１・31～33）

今、この国は、エルサレムから始まり、地の果てにまで堅固に成長しています。「その国」について聖書は、多様な表現をしています。その表現を通して、その国についてもっと深く理解することができます。

「その国は、主のもの」、
「神のおきてを守る国」、
「永遠の国」、
「主をおのれの神とする国」、
「神の王国の杖は公正の杖」すなわち、公正に治められる国、
「主が代々に統治される国」、
「すべての主権は彼らに仕え、服従する国」、
「主はシオンの山で、今よりとこしえまで、彼らの王となる」と言われた国、
「多くの国々の民、強い国々がエルサレムで万軍の主を尋ね求め、主の恵みを請うために来る国」、
「世の初めから、あなたがたのために備えられた御国」、

「神の国が力をもって到来する国」、

「正しい者たちは、太陽のように輝く国」、

「御国が来ますように」とイエス様が教えてくださった、主の祈りに出てくる国、

「子どもたちの……神の国はこのような者たちのものです」、
つまり、子どものような者たちが住む国と言われています。

神の国は、すべての信徒が住む国であり、待ち望み、慕い求める国です。私たちの王、イエス様が治められる国なのです。

主よ。今こそ

「朝には『朝焼けでどんよりしているから、今日は荒れ模様だ』と言います。空模様を見分けることを知っていながら、時のしるしを見分けることはできないのですか。」（マタ16・3）

時代を見分けるのは難しいことです。今の時代は特にそうでしょう。今は、実に忙しい時代です。朝早くから夜遅くまで、目まぐるしい生活です。忙しく動かなければならないことも多く、情報も洪水のようにあふれ、それをたくさん読みこなさなければならず、早く聞かなければならず、早く見なければならず、早く覚えなければ、みんなの流れについていくことができないのです。

ですから、自分と直接関係のあることでなければ、ささいな事件や情報には関心を示さず、見向きもしません。人生の目標が何であるのか、どこに向かって進んでいるのか、疲れ果てるまで、ただ忙しく生きていく時代となってしまいました。「主よ。今ですか」と尋ねる心の余裕さえない時代なのです。

霊的な歩みも忙しいのは同じです。あらゆる良い集会の資料、恵まれるメッセージ、神様からの預言的、啓示的みことばと資料が氾濫しています。世界中どこにいても、たくさんの資料をパソコンで簡単に見ることができるので、霊的情報も洪水のようにあふれています。

エルサレムから始まった福音が、地の果てにまで広がっており、まだ福音が伝えられていない種族の数も、急激に減ってきています。散らされていたイスラエルが再び祖国に戻り、イエス様がおられた当時の姿を再現しています。自然災害や異変が過去のどの時代よりも大規模で起こっています。ノアの時代には8人だった人口が、今は60億にも増えました。

ほんの少し例を挙げただけですが、これらは、慌ただしい時代において、深刻に考えなければならない霊的要素です。皆が自分のことで忙しく、自分の働きが重要で、目の前に置かれている多くの仕事のため、他のことに気を遣う余裕がないほど疲れ果てている状態です。ラオデキヤ教会が叱責を受けた、なまぬるい姿が、まさにこのような時代の状態ではなかったかと思います。このような状態で、また積極的に妨害する霊的勢力が常に存在する状況下で、目標と方向を正しく定め、時代を見分けて生きていくことは、人間の力では不可能です。

しかし、このような難しい時にこそ、私たちはこのように神様に尋ねなければなりません。「主よ。今こそ、その時ですか」。神様は、ローマ人への手紙13章11節でこう教えています。

「さらにあなたがたは、今がどのような時であるか知っています。あなたがたが眠りからさめるべき時刻が、もう来ているのです。私たちが信じたときよりも、今は救いがもっと私たちに近づいているのですから。」（ロマ13・11）

神様は語られます。私たちが神様を迎える日が、初めに信じた人たちよりも、もっと近づいていると言うのです。「今がどのような時かよく理解しなさい。眠りからさめるべき時刻がもう来ている」と言われます。

エルサレムで神の国の福音が宣べ伝えられてから、２０００年が経ちました。そして、全世界に散らされていたユダヤの民が、再び戻ってきています。感激の涙を流しながら戻ってきているのです。いちじくの木の枝が柔らかくなり、新しい葉が出始めてきています。過去のどの時代よりも、ユダヤ人の心が福音に開かれており、イエス様をメシヤとして信じ「祝福あれ。主の御名によって来られる方に」と言って王の再臨を待ち望む数が日に日に増えています。

イエス様が、夏が近づいているのを見て、人の子が戸口まで近づいていると知りなさいと言われたみことばが、今までのどの時代より深刻な意味を持つ時です。エルサレムから始まった天国の福音が、地の果てに向かって広がっているだけでなく、再びエルサレムに向かって進んでいます。今、救いが、私たちが最初に信じたころよりも近づいてきています。「歴史時計」であるイスラエルが指している今の時刻は、神の国を回復する時間が、深い夜を超えて朝が近づいていると教えています。ですから、今は眠りからさめるべき時です。このことを感謝して、目を覚まして断食し、たゆみなく祈りに力を注ぐ時なのです（コロ4・2、1テサ5・6）。

この時代のビジョン

「競技をする人は、あらゆることについて節制します。……私たちは朽ちない冠を受けるためにそうするのです。ですから、私は目標がはっきりしないような走り方はしません。空を打つような拳闘もしません。」（一コリ9・25〜26）

聖書は、わかりやすくて面白いたとえで私たちに教えています。信仰生活を走ることや戦いにたとえています。陸上大会で、足の速い人がゴールではない方向に走っていったとしたら、ゴールに向かって走っている人に負けてしまいます。戦いも同じです。私たちの人生は、日々霊的戦争です。戦っているのに、相手がどこにいるのかわからず、こぶしで空を打ったり、刀を振り回したりしては、持っているテクニックや力を使うことができず、負けてしまいます。勝って賞を受けるには、まず目標がはっきりとし、方向を正しく定めなければならなりません。そして、全力投球すべきだというみことばです。とても簡単で当たり前の話です。

みことばは、時間の中で働いています。エデンの園から始まった歴史の流れが、21世紀の中に流れています。神の国が地の果てにまで広がっており、神様が語られた「その日」のしるしが、現実的に近づいてきているのです。この世的にも霊的にも見分けることが難しい今の時代に、私たちが注目すべきことがあります。それは、イスラエルです。エルサレムを見れば、時間の中で働かれている神様のみことばを正しく見分けることができます。今この時代の、神様の働きを読むことができることでしょう。神様がイスラエルを回復されたので、今は、聖書のすべてのみことば、特に預言の言葉を、イスラエル中心に歴史の中で成し遂げられるのを見ることができる、とても良い時代となったのです。

「そのとき人々は、人の子が雲のうちに、偉大な力と栄光とともに来るのを見るのです。」（ルカ21・27）

私たちがこの時代に、目をさまして持つべきビジョンははっきりしています。それは、力と栄光を帯びて来られる王を迎えることです。私たちのすべての働きは、王が来られる道を整えることとです。自分のビジョンと夢、働きが何であれ、それを通して神様を見上げ、天で栄光を受けておられる神様だけではなく、再びこの地に来られて神の国を回復するために備えておられる神様を見上げなければなりません。

私たちの礼拝と賛美も、再び来られる王にささげなければなりません。これは、私たちの時代の使命です。すべての焦点は神様ですが、今、再び来られる備えをしておられる神様に焦点を当てるべきであり、早く来られるように願う必要があります。

アブラハムの時代に任された働きと使命があり、モーセの役割があり、ダビデが神の前に担った働きがあり、初代教会の聖徒たちが担う部分があったように、今の時代には、私たちがするべき役割があります。神様が天におられ、栄光と尊厳と賛美を受けることは、初めも今も同じです。しかし今は、すべての焦点が、再び来られる神様の道を備えることなのです。

神様が来られる道を備える働きの中には、地の果てまで福音を伝えて、終わりの日の大収穫を携えるということがあるでしょう。民が多いのは、王の栄光だからです。また、ユダヤ人が祖国に帰ることを助け、彼らが神に立ち返るよう助ける働きがあります。イエス様がオリーブ山に立たれるまでは、多くの霊的戦争、また国と国の戦争が持続して起こり、天変地異と災害、疫病が蔓延すると警告しています。最後に大戦争、イスラエルを打つために、各国がエルサレムに集まってくるハルマゲドン戦争が起こるでしょう。

私たちは、これらすべてのことにかかわるようになるでしょう。常に目ざめて祈り、物質的に献金を通して、また肉体的に献身するなど、多様な方法でかかわることができます。最後のハルマゲドン戦争が起きるまで、神様が予告されたことが少しずつ確かに行われていくことを期待します。この時のことを、聖書は産みの苦しみにたとえています。最初は小さく、しかし、時間が経つにつれて、その苦痛が強まっていくことを意味しているのです。これらが近づいているのを見て、準備するだけでなく、眠っている信徒を起こし、霊的に武装させる働きを担っていきましょう。

そして、神様に叫んで呼び求めましょう。

「神様が天に昇られてから、２０００年が経ちました。
早く来てください！
栄光の王として来られ、裁きの王として来てください！
はじめに計画された神の国を回復してください！」

ソン・マンソク

1941 年、全羅南道順天で生まれ。韓南大学校と延世大学校（数学修士）を卒業し、米国ミシガン大学で数学の博士号を受けた。高麗神学校（神学修士）を卒業し、延世大学校教授（数学とコンピュータ科学）と韓国創造科学会会長を経て、現在 KIBI（韓・イ聖書研究所）KOREA 代表として仕えている。

15 年前にオンヌリ教会で開かれたイスラエル宣教祈祷会に出席し、イスラエルに対する神の計画を少しずつ悟るようになった。その後、高麗神学校に通いながら、卒業論文でイスラエルの回復と宣教について書いた。資料を読み、整理しながら、様々な人に知ってもらいたいという願いが生じ、この本を書くに至った。

※文中の引用聖句は新改訳 2017 を使用しました。

今はエルサレムの時代

2020 年 10 月 2 日　初版発行

著 者　ソン・マンソク

訳 者　吉田英里子

発 行　小牧者出版
〒 300-3253　茨城県つくば市大曽根 3793-2
TEL: 029-864-8031
FAX: 029-864-8032
E-mail: info@saiwainahito.com
http://saiwainahito.com

印 刷

乱丁、落丁はお取り替えいたします。
Printed in Japan　小牧者出版 2020　ISBN978-4-904308-25-7 C0016